Nuccio Ordine

Von der Nützlichkeit des Unnützen

Nuccio Ordine

Von der Nützlichkeit des Unnützen

Ein Manifest

Warum Philosophie und Literatur lebenswichtig sind

Mit einem Essay von Abraham Flexner

Aus dem Italienischen und Amerikanischen von Martina Kempter

G

GRAF

Die Originalausgabe erschien 2013 unter dem Titel
»L'utilità dell'inutile« bei Bompiani in Mailand.

MIX
Papier aus verantwortungsvollen Quellen
FSC® C019821
FSC
www.fsc.org

Der Graf Verlag München ist ein Unternehmen
der Ullstein Buchverlage

ISBN 978-3-86220-053-5

Satz: Uwe Steffen, München
Gesetzt aus der Adobe Garamond
Druck und Bindung: C. H. Beck, Nördlingen
Printed in Germany
www.graf-verlag.de

Für Rosalia

Inhalt

Zweiter Teil: Die Universität als Unternehmen und die Studenten als Kunden

Dritter Teil: Besitzen tötet: Menschenwürde, Liebe, Wahrheit

Anhang

Einleitung

Und genau dies ist die Aufgabe der Philosophie: die Menschen mit der Nützlichkeit des Unnützen bekannt zu machen oder ihnen, wenn man so will, den Unterschied zwischen den beiden Bedeutungen des Wortes »nützlich« nahezubringen.
Pierre Hadot, *Exercices spirituels et philosophie antique*

Schon der Titel dieses Büchleins ist ein Widerspruch in sich und verlangt eine Klärung. Die paradoxale *Nützlichkeit*, von der ich hier sprechen möchte, ist nicht dieselbe, in deren Namen humanistisches Wissen – und alles andere Wissen, was keinen konkreten Gewinn abwirft – als nutzlos angesehen wird. Ich wollte den Begriff der Nützlichkeit einmal in einem anderen, viel universelleren Sinn verstehen und darüber nachdenken, was es mit der Nützlichkeit jenes Wissens auf sich hat, dessen wesentlicher Wert vollkommen losgelöst ist von jeder Zweckbestimmtheit. Denn es gibt Wissen, das sich selbst Zweck genug ist, und gerade weil es von seiner Natur aus willkürlich, uneigennützig und fern jeglicher praktischer oder wirtschaftlicher Verpflichtung ist, kann es eine grundlegende Rolle für die geistige, zivilisatorische und kulturelle Entwicklung der Menschheit spielen. In diesem Zusammenhang betrachte ich all das als nützlich, was uns hilft, zu besseren Menschen zu werden.

Doch die Logik des Gewinnstrebens untergräbt selbst die Grundfesten jener Einrichtungen (Schulen, Universitäten, Forschungszentren, Werkstätten, Museen, Bibliotheken, Archive) und Studienfächer (geistes- wie naturwissenschaftlicher), deren Wert in der Wissensvermittlung per se liegen sollte, unabhängig davon, ob sie unmittelbaren Ertrag bringt oder einen praktischen Nutzen hat. Zwar können Museen oder archäologische Stätten auch durchaus ergiebige Einnahmequellen sein. Aber dennoch lässt sich ihre Daseinsberechtigung nicht vom Kassenerfolg abhängig machen: Museen oder archäologische Stätten sind, ebenso wie Archive oder Bibliotheken, Schätze, die die Allgemeinheit sorgsam und um jeden Preis hüten muss.

Aus diesem Grund trifft auch nicht zu, dass in einer wirtschaftlichen Krisenzeit alles erlaubt ist und dass Schwankungen der Gewinnspanne es rechtfertigen könnten, systematisch mit dem Rotstift alles, was als nutzlos angesehen wird, zu streichen oder fortlaufend Ausgaben zu kürzen. Europa scheint mittlerweile zu einem Theater geworden zu sein, auf dem vor allem Gläubiger und Schuldner ihren täglichen Bühnenauftritt haben. Keine politische Versammlung oder kein Gipfeltreffen der Hochfinanz, bei dem das Schreckgespenst der Bilanzen nicht der oberste Punkt auf der Tagesordnung wäre. Die legitimen Sorgen um die Rückzahlung der Schulden werden in einem sich immer schneller drehenden Wirbel auf die Spitze getrieben, sodass Effekte eintreten, die den erwünschten diametral entgegengesetzt sind. Wie eine Reihe von Ökonomen bereits bemerkt hat, führt die Therapie des harten Sparkurses nicht zur Gesundung, sondern zu einer unaufhaltsamen, zunehmenden Schwächung des Kranken. Anstatt sich zu fragen, wie die Verschuldung von Betrieben und Staaten zustande kam – die ausufernde Korruption, die sagenhaften Gehälter von Expolitikern, Managern, Bankern und Topberatern sind dabei seltsamerweise von keiner Härte betroffen! –, beunruhigt es die Verantwortlichen für das Abdriften in die Rezession nicht im Mindesten, wer dafür bezahlen muss: Es sind vor allem der Mittelstand und die Schwächsten, Millionen unschuldiger Menschen, denen ihre Würde genommen wird.

Es geht nicht darum, sich naiv aus der Verantwortung für nicht aufgehende Rechnungen zu stehlen. Aber genauso wenig kann man darüber hinwegsehen, wie jegliche Form von Menschlichkeit und Solidarität systematisch zerstört wird: Mitleidlos wie Shylock im *Kaufmann von Venedig* fordern die Banken und Gläubiger von jedem, der seine Schulden nicht zurückzahlen kann, das Pfund lebendiges Fleisch ein. Viele Firmen (die über Jahrzehnte hinweg Nutznießer der Privatisierung der Gewinne und der Sozialisierung der Verluste waren) entlassen ungerührt ihre Arbeiter, während die Regierungen bei den Arbeitsplätzen ebenso Einsparungen vornehmen wie bei der Bildung, der Sozialhilfe für Behinderte und beim Gesundheitswesen. Das Recht, Rechte zu haben – um einen wichtigen Essay von Stefano Rodotà aufzugreifen, in dessen Titel ein Satz von Hannah Arendt anklingt –, dieses Recht wird faktisch der Herrschaft des Marktes untergeordnet, und dabei wird in Kauf genommen, dass der Respekt für den Einzelnen kontinuierlich abnimmt. Indem er Menschen zur Ware und zu Geld macht, hat dieser perverse ökonomische Mechanismus ein Ungeheuer hervorgebracht, das weder Heimat noch Mitleid kennt und am Ende auch den künftigen Generationen jede Form von Hoffnung verweigern wird.

Die heuchlerischen Bemühungen, den Austritt Griechenlands aus Europa zu verhindern – die gleichen Überlegungen könnten auch für Italien oder Spanien gelten –, sind Frucht eines zynischen Kalküls (denn die Kosten für einen Austritt lägen weit höher als die nicht zurückgezahlten Schulden) und nicht die einer echten politischen Kultur, die darauf basiert, dass ein Europa ohne Griechenland undenkbar wäre – zu tief ist das abendländische Wissen in der griechischen Sprache und Kultur verwurzelt. Können denn Bankschulden jene anderen Schulden mit einem Streich tilgen, die wir seit Jahrhunderten angehäuft haben bei denjenigen, denen wir ein so außerordentliches Erbe verdanken: ein künstlerisches und literarisches, ein musikalisches und philosophisches, ein wissenschaftliches und architektonisches?

In diesem brutalen Kontext steht die Nützlichkeit des unnützen Wissens in einem krassen

Gegensatz zum vorherrschenden ökonomischen Nützlichkeitsdenken, das nach und nach unser Erinnerungsvermögen auslöschen und damit den Geisteswissenschaften und den alten Sprachen den Garaus machen wird, ebenso wie dem Bildungswesen und der freien Forschung, der Fantasie und der Kunst, dem kritischen Denken, kurz: dem kulturellen Horizont – der die Inspiration jeglichen menschlichen Handelns sein sollte. Im Universum des Utilitarismus gilt ein Hammer tatsächlich mehr als eine Sinfonie, ein Messer mehr als ein Gedicht, ein Schraubenschlüssel mehr als ein Gemälde: weil der Nutzen eines Werkzeugs leicht einzusehen ist, während es immer schwerer fällt zu begreifen, wofür Musik, Literatur oder Kunst gut sein sollen.

»Die Politiker der Antike sprachen ohne Unterlass von den Sitten und der Tugend, die unseren sprechen nur vom Handel und vom Geld«, hatte schon Rousseau bemerkt. Alles, was keinen Profit bringt, gilt als überflüssiger Luxus, als gefährliches Hindernis. »Alles Nutzlose wird verschmäht«, so Diderot, denn »die Zeit ist zu kostbar, um sie für müßige Spekulationen zu vergeuden«.

Man braucht nur die großartigen Verse von Charles Baudelaire zu lesen, um das Unbehagen des Dichters nachzuempfinden, der als Albatros, als gigantischer Himmelsbeherrscher, unter die Menschen gekommen ist und von einem Publikum, das an ganz anderem interessiert ist, verlacht wird (»Der Schwingensegler, ach wie link und matt! / Der einst so schön, was ist er lächerlich! / Da brennt den Schnabel ihm ein loser Maat, / Der äfft mit Hinken den, der hoch in Lüften strich.« [Ce voyageur ailé, comme il est gauche et veule! / Lui, naguère si beau, qu'il est comique et laid! / L'un agace son bec avec un brûle-guele, / L'autre mime, en boitant, l'infirme qui volait!«]). Und mit ironisch-traurigem Unterton definiert Flaubert in seinem *Wörterbuch der Gemeinplätze* die Poesie als »vollkommen überflüssig«, da »außer Mode«, und den Dichter als ein »Synonym für Träumer und Einfaltspinsel«. Wirkungslos scheint hier der erhabene Schlussvers des Hölderlin-Gedichts verhallt zu sein, wo die Gründerrolle des Dichters betont wird: »Was bleibet aber, stiften die Dichter.«

Die folgenden Seiten haben keinerlei Anspruch, einen organischen Text zu bilden. Sie spiegeln den Fragmentcharakter wider, der mich zu ihnen angeregt hat. Deshalb könnte auch der Untertitel – *Ein Manifest* – unverhältnismäßig und vermessen erscheinen, wäre er nicht durch den kämpferischen Geist gerechtfertigt, der diese meine Arbeit fortwährend beseelt hat. Ich wollte lediglich die Zitate und Überlegungen, die ich in langen Jahren der Forschung und Lehre zusammengetragen hatte, in einem offenen Behältnis versammeln. Ich bin dabei völlig frei verfahren, ohne Selbstbeschränkung und in dem Bewusstsein, damit nur ein unvollständiges, inkomplettes Bild zu skizzieren. Wie bei Blütenlesen und Anthologien oft der Fall, ist das, was darin fehlt, am Ende signifikanter als das, was da steht. Diesen Vorbehalt im Hinterkopf, habe ich meinen Essay in drei Teile gegliedert: Der erste Teil widmet sich dem nützlichen Unnützen in der Literatur; der zweite den verheerenden Auswirkungen des Profitstrebens auf dem Gebiet der Lehre, der Forschung und kultureller Aktivitäten im Allgemeinen; im dritten Teil habe ich mir einige Beispiele hervorragender Klassiker vorgenommen, die über die Jahrhunderte die trügerische Macht des Besitzens aufzeigten und dessen zerstörerische Wirkungen auf die *dignitas hominis*, auf die Liebe und die Wahrheit.

Zusätzlich habe ich mir überlegt, meinen kurzen Reflexionen einen exzellenten (und leider wenig bekannten) Essay von Abraham Flexner zur Seite zu stellen. Er stammt aus dem Jahr 1937, wurde 1939 in einer erweiterten Fassung neu aufgelegt und erscheint hier erstmals in Übersetzung. Als einer der angesehenen Gründerväter des Institute for Advanced Study in Princeton, welches eben zu dem Zweck entstand, eine von utilitaristischen Zwängen ganz freie Forschung zu ermöglichen, getragen ausschließlich von der Wissbegier seiner illustren Mitglieder, darunter Albert Einstein und Robert J. Oppenheimer, erzählt der berühmte amerikanische Pädagoge und Wissenschaftler uns hier die faszinierende Geschichte einiger großer Entdeckungen. Er zeigt auf, wie in der Wissenschaft gerade jene theoretischen Forschungen, die man für überflüssig hielt, weil sie zunächst kein praktisches Ziel verfolgten, sich als fundamental für die Menschheit erwiesen – von der Telekommunikation bis zur Elektrizität.

Flexners Standpunkt schien mir sehr gut geeignet, um erst gar kein Missverständnis aufkommen zu lassen: Eine Gegenüberstellung von Geistes- und Naturwissenschaften – wie sie seit den Fünfzigerjahren, seit dem berühmten Aufsatz von Charles Percy Snow, vielfach vorgenommen wurde – hätte die Debatte unweigerlich in den Treibsand einer sterilen Polemik abgleiten lassen. Und vor allem hätte sie bestätigt, wie gering das Interesse an der notwendigen Einheit der Wissenschaft ist – an jener unverzichtbaren *nouvelle alliance*, über die der Nobelpreisträger Ilya Prigogine erhellende Seiten geschrieben hat und die durch die Parzellierung und Hyperspezialisierung von Einzelwissenschaften heute leider immer stärker bedroht wird. Flexner zeigt uns vorbildlich, dass die Naturwissenschaft uns viel über die Nützlichkeit des Unnützen zu lehren hat. Und dass nicht nur die Geisteswissenschaftler, sondern auch die Naturwissenschaftler eine wichtige Rolle im Kampf gegen die Diktatur des Profits spielen und dabei die Freiheit und die Zweckfreiheit von Wissen und Forschung verteidigen.

Im Übrigen war in der Antike das Bewusstsein des Unterschieds zwischen einer rein spekulativen, zweckfreien Wissenschaft und einer angewandten Wissenschaft weit verbreitet. Dies belegen die Reflexionen von Aristoteles und einige Anekdoten, die großen Wissenschaftlern wie Euklid oder Archimedes zugeschrieben werden.

Es handelt sich um faszinierende Fragen, die uns freilich allzu weitab führen könnten. Hier jedoch geht es mir darum, herauszuarbeiten, dass für uns gerade die Werte lebenswichtig sind, die sich nicht mit herkömmlichen Instrumenten messen oder wiegen lassen, Werte, bei denen es auf *qualitas*, nicht auf *quantitas* ankommt. Zugleich möchte ich die fundamentale Bedeutung jener *Investitionen* herausstellen, die keinen unmittelbaren, in bare Münze umzuwandelnden Ertrag bringen.

Das Wissen an sich stellt sich der Allmacht des Geldes und dem Utilitarismus als Hindernis entgegen. Es trifft zwar zu, das alles käuflich ist. Von den Parlamentariern bis zu den Richtern, von der Macht bis zum Erfolg: Alles ist bezahlbar. Nicht aber das Wissen: Der Preis, den man dafür entrichten muss, ist ganz anderer Natur. Kein Blankoscheck wird uns ermöglichen, das zu erwerben, was einzig das Ergebnis einer individuellen Anstrengung und einer unerschöpflichen Leidenschaft sein kann. Kurzum: Den mühsamen Weg des Wissenserwerbs müssen wir selbst gehen, das kann niemand an unserer Stelle tun. Selbst der prestigereichste Studienabschluss, den wir für Geld erkauft haben, wird uns kein echtes Wissen und keine geistige Wandlung bringen, wenn uns die innere Motivation dazu fehlt.

Das hatte Sokrates bereits dem Agathon erklärt, als er im *Gastmahl* gegen die Vorstellung argumentiert, Wissen lasse sich so, wie Wasser entlang einem Wollfaden automatisch von einem vollen in einen leeren Behälter fließt, von einem Menschen auf den anderen übertragen:

> Schön wäre es, Agathon, wenn die Weisheit ein Ding wäre, das aus dem Volleren in den Leereren von uns fließt, sooft wir einander berühren, wie das Wasser in den Schalen durch den Wollfaden aus der volleren in die leerere fließt.

Doch es geht um mehr: Nur das Wissen vermag es, noch einmal die Gesetze des Marktes herauszufordern. Ohne ärmer zu werden, kann ich mein Wissen mit anderen teilen. Ich kann einen Schüler in Relativitätstheorie unterrichten oder mit ihm eine Seite Montaigne lesen und auf diese Weise einen wundersamen, wirkmächtigen Prozess in Gang setzen, bei dem sowohl der Gebende als auch der Empfangende gleichzeitig reicher werden.

Gewiss sind in unserer vom Homo oeconomicus dominierten Welt die Nützlichkeit des Unnützen und vor allem die Nutzlosigkeit des Nützlichen (wie viele überflüssige Konsumgüter will man uns nicht als unverzichtbar verkaufen?) nicht einfach zu begreifen. Es tut weh, Menschen zu sehen, die ihre zunehmende geistige Verödung gar nicht bemerken, so sehr sind sie beschäftigt mit der Anhäufung von Geld und Macht. Es tut weh, im Fernsehen und in den Medien neue Prototypen des Erfolgs triumphieren zu sehen, wie den Unternehmer, der sich ein Imperium zusammenmauschelt, oder den Politiker, der das Parlament für Gesetze *ad personam* stimmen lässt und dabei straffrei ausgeht. Es tut weh, Männer und Frauen zu sehen, die beim verrückten Wettlauf ins gelobte Land des Mammons alles um sich herum vernachlässigen – die Natur, die Dinge, die anderen Menschen. Den Blick aufs Ziel fixiert, das sie erreichen wollen, werden sie unempfänglich für die Freuden kleiner alltäglicher Gesten oder die Schönheit in unserem Leben: sei es ein Sonnenuntergang oder ein Sternenhimmel, die Zärtlichkeit eines Kusses oder eine aufgehende Blume, ein flatternder Schmetterling oder das Lächeln eines Kindes. Nicht selten lässt sich Größe besonders gut in den einfachsten Dingen wahrnehmen.

»Wer die Nützlichkeit des Nutzlosen und die Nutzlosigkeit des Nützlichen nicht begreift, begreift die Kunst nicht«, bemerkte Eugène Ionesco ganz richtig. Bereits viele Jahre zuvor hatte Kakuzo Okakura in seiner Beschreibung der Teezeremonie darauf hingewiesen, dass sich der Mensch der Urzeit in dem Moment, als er seiner Geliebten eine

Blume pflückte, als Gattungswesen über die Tiere erhob: »Er trat ins Reich der Kunst ein«, erklärt der japanische Schriftsteller im *Buch vom Tee*, »als er den feinen Nutzen des Nutzlosen erkannte.« Auf einen Schlag ein doppelter Luxus: Die Blume (der Gegenstand) und der Akt, sie zu pflücken (die Geste), beide repräsentieren sie das Nutzlose und stellen so das Notwendige und das Profitable infrage.

Die wahren Dichter wissen genau, dass Dichtung nur fernab von Berechnung und ohne Hast gedeiht. So bekennt Rainer Maria Rilke in einer Passage seiner *Briefe an einen jungen Dichter*: »Künstler sein heißt: nicht rechnen und zählen; reifen wie der Baum, der seine Säfte nicht drängt und getrost in den Stürmen des Frühlings steht ohne die Angst, daß dahinter kein Sommer kommen könnte.« Verse beugen sich keiner überstürzten und auf Nützlichkeit zielenden Logik. Vielmehr bedarf es, wie Edmond Rostand in den letzten Sätzen seines Stückes *Cyrano de Bergerac* seinen Helden sagen lässt, mitunter gerade des Nutzlosen, damit alles noch schöner werde: »Ihr sagt, es sei vergeblich? – Wohl, ich weiß! – / Schlägt man sich nur in Hoffnung auf den Sieg? / Weit schöner ist ein aussichtsloser Krieg.« (»Que dites-vous? … C'est *inutile*? … Je le sais! / Mais on ne se bat pas dans l'espoir du succès! / Non! Non, c'est bien plus beau lorsque c'est *inutile*!«)

Wir brauchen das Nutzlose, wie wir die Vitalfunktionen zum Leben brauchen. »Die Dichtung, das Bedürfnis zu erfinden, zu schaffen, ist genauso wesentlich wie das Bedürfnis zu atmen. Atmen ist Leben und nicht vor dem Leben ausweichen«, wie uns wiederum Ionesco in Erinnerung ruft. Ebendieses Atmen bringt, wie Pietro Barcellona betont, »den Überschuss des Lebens gegenüber dem Leben selbst« zum Ausdruck, »Energie, die in unsichtbarer Form zirkuliert und über das Leben hinausgeht, obwohl sie dem Leben innewohnt«. Gerade bei den als überflüssig erachteten Aktivitäten können wir dazu angeregt werden, uns eine bessere Welt vorzustellen und die Utopie zu entwickeln, dass all die Ungerechtigkeiten und schmerzlichen Ungleichheiten, die wie ein Mühlstein auf unserem Gewissen lasten (oder lasten sollten), sich abschwächen, vielleicht sogar beseitigen lassen. Vor allem in Momenten ökonomischer Krise, wenn die Verlockungen des Utilitarismus und des krudesten Egoismus der einzige Leitstern und Rettungsanker zu sein scheinen, sollten wir einsehen, dass uns gerade die zweckfreien Aktivitäten dabei helfen könnten, aus diesem Gefängnis zu gelangen: Wir sollten unser eindimensionales Nichtleben in ein fließendes, bewegtes Leben verwandeln, in dem die Neugier für das Geistige und die menschlichen Dinge richtungsweisend sind.

Wenn der Biophysiker und Philosoph Pierre Lecomte du Noüy uns aufgefordert hat, darüber nachzudenken, dass »auf der Stufenleiter der Lebewesen einzig der Mensch unnütze Handlungen ausführt«, so legen uns zwei Psychotherapeuten (Miguel Benasayag und Gérard Schmit) nahe, dass »der Nutzen des Unnützen [...] der selbstverständliche Nutzen [ist], den wir aus dem Leben, dem Schöpferischen, der Liebe, der Lust ziehen«, denn »das Unnütze bringt das hervor, was uns am meisten nützt: Es ist das, was man vielleicht auf Umwegen erschafft, ohne Zeitverlust zu fürchten und dem Trugbild der Effizienz nachzujagen, das sich die Gesellschaft zurechtgebastelt hat«. Aus demselben Grund betonte Mario Vargas Llosa anlässlich der Verleihung des Nobelpreises 2010 zu Recht, dass »eine Welt ohne Literatur auch eine Welt ohne Sehnsüchte, Ideale oder Auflehnung wäre, eine Welt voller Automaten, denen fehlen würde, was das menschliche Wesen wirklich menschlich macht: die Fähigkeit, sich aus sich selbst heraus in einen anderen zu versetzen, in viele andere, modelliert aus dem Ton unserer Träume«.

Vielleicht hatte Oscar Wilde, als er seiner Mrs Erlynne den Satz in den Mund legte: »In modern life margin is everything« (»Im heutigen Leben bedeutet Spielraum alles«), auch Voltaire und dessen berühmten Ausspruch »le superflu, chose très necéssaire« (»Das Überflüssige ist eine sehr notwendige Sache«) im Sinn, und vielleicht wollte er damit just auf das Überflüssige seines eigenen Schriftstellerberufs anspielen. Auf jenes »Überschüssige«, das nicht negativ »Überfrachtung« oder »Überladenheit« bedeutet, sondern vielmehr das meint, was über das Notwendige hinausgeht, was nicht unbedingt nötig ist, was die Hauptsache übersteigt. Was sich also deckt mit der Vorstellung vom Leben als einem Fluss, der sich ständig erneuert *(fluere)*, und auch – wie Wilde bereits einige Jahre zuvor im Vorwort zum *Bildnis des Dorian Gray* zu verstehen gab: »Alle Kunst ist ganz und gar nutzlos« – mit dem Begriff des Nutzlosen selbst.

Wenn man es aber genau bedenkt, fragt das Kunstwerk nicht, ob es zur Welt kommen darf. »Das Kunstwerk will, wie es das Kind will, zur

Welt kommen«, um erneut einen glänzenden Gedanken Ionescos zu zitieren. »Das Kind wird nicht für die Gesellschaft geboren«, erläutert uns der Dramatiker, »obwohl sich die Gesellschaft seiner bemächtigt. Es wird geboren, um geboren zu werden. Auch das Kunstwerk wird geboren, um geboren zu werden. Es drängt sich seinem Autor auf. Ohne sich darüber klar zu sein oder sich zu fragen, ob die Gesellschaft nach ihm verlangt oder nicht, will es existieren.« Gleichwohl »kann sich die Gesellschaft auch eines Kunstwerks bemächtigen«: Und auch, wenn sie »es benutzen [kann], wie sie will« – »es verurteilen« oder »es zerstören«, »ihm eine soziale Funktion geben [kann] oder nicht« –, so bleibt es doch dabei, dass »das Kunstwerk [...] in dieser sozialen Funktion nicht auf[geht]« (S. 142). Ionesco zieht daraus den Schluss: »Wenn Kunst und Theater unbedingt zu etwas dienen sollen, würde ich sagen, dienen sie dazu, den Leuten wieder beizubringen, dass es unnütze Handlungsweisen gibt und dass deren Existenz notwendig ist« (S. 144).

Ohne dieses Bewusstsein ließe sich ein Paradox der Geschichte schwerlich begreifen: Im selben Augenblick, in dem die Barbarei die Oberhand gewinnt, richtet sich die Wut von Fanatikern nicht nur gegen Menschen, sondern auch gegen Bibliotheken und Kunstwerke, gegen Denkmäler und große Meisterwerke. Über die als unnütz erachteten Dinge bricht Zerstörungswut herein: So kommt es in China zur Plünderung der königlichen Bibliothek von Luoyang durch die Xiongnu, zur Verbrennung heidnischer Manuskripte in Alexandria, weil dies der intolerante Bischof Theophilos so anordnete, zur Verbrennung ketzerischer Schriften durch die Inquisition, zu den von den Nazis inszenierten Bücherverbrennungen »entarteter« Werke in Berlin; so kommt es auch dazu, dass die herrlichen Buddhas von Bamiyan durch die afghanischen Taliban dem Erdboden gleichgemacht oder die Manuskripte von Sahel und die Statuen von Alfarouk in Timbuktu durch die Dschihadisten bedroht werden. Nutzlose und harmlose Dinge, still und wehrlos, aber als Gefahr betrachtet durch ihre bloße Existenz.

In den Trümmern eines von blinder Kriegsgewalt zerstörten Europas erkennt Benedetto Croce die Zeichen der Heraufkunft neuer Barbaren, die imstande sind, in einem einzigen Augenblick die lange Geschichte einer großen Kultur in Schutt und Asche zu legen:

> […] wenn die barbarischen Geister an Stärke zulegen, übertrumpfen und unterdrücken sie nicht nur die Menschen, die die kultivierte Gesellschaft repräsentieren, sondern sie gehen auch dazu über, deren Werke zu zerstören, die ihnen Werkzeug für weitere Werke waren, und sie zerstören Denkmäler, die von Schönheit künden, Gedankensysteme, alle Zeugnisse der edlen Vergangenheit, sie schließen Schulen, zerstreuen oder verbrennen Museen, Bibliotheken, Archive […]. Nach Beispielen dafür braucht man nicht in der weit zurückliegenden Geschichte zu suchen, denn auch unsere heutige Zeit liefert sie in solcher Fülle, dass unser Abscheu davor sogar schon abgestumpft ist.

Aber auch wer Mauern errichtet, kann leicht, wie uns Jorge Luis Borges in Erinnerung ruft, Bücher auf dem Scheiterhaufen einäschern, denn in beiden Fällen geht es letztlich darum, »die Vergangenheit zu verbrennen«:

> Ich las vor einigen Tagen, dass der Mann, der den Bau der nahezu unendlichen Chinesischen Mauer anordnete, jener erste Kaiser war, Schih Huang Ti, der ebenso alle Bücher verbrennen ließ, die vor ihm da waren. Dass die beiden weitreichenden Operationen – die zweieinhalb- bis dreitausend Kilometer aus Stein zur Abwehr der Barbaren, die rücksichtslose Beseitigung der Geschichte, das heißt der Vergangenheit – von einer Person ausgingen und irgendwie deren Attribute waren, befriedigte

mich auf unerklärliche Weise und beunruhigte mich zugleich.

Das Erhabene verschwindet, wenn die Menschheit vom Rad der Fortuna in die Tiefe gerissen wird und den Grund berührt. Der Mensch wird umso ärmer, auch wenn er eben noch meinte, sich zu bereichern. So mahnt Cicero in seinen *Stoischen Paradoxien*: »Wenn du jeden Tag betrügst, täuschst, forderst, handelst, wegschaffst, stiehlst, wenn du die Bundesgenossen ausraubst, den Staatsschatz plünderst [...] – sind dies Verhaltensweisen eines übermäßig reichen Mannes oder eines in Wirklichkeit eher Bedürftigen?«

Nicht zufällig benennt Pseudo-Longinos auf den letzten Seiten der Abhandlung *Vom Erhabenen* – eines der bedeutendsten literaturkritischen Werke der Antike, das uns überliefert ist – klar und deutlich die Ursachen für den Niedergang der Redegewandtheit und des Wissens in Rom, das nach dem Ende der republikanischen Herrschaft keine großen Schriftsteller mehr hervorgebracht habe: »Denn die Geldgier, die uns schon alle wie eine unersättliche Krankheit gepackt hat, und die Genusssucht machen uns zu ihren Sklaven [...]; die Gier nach Reichtum ist ein krankhafter Trieb, der uns erniedrigt« (XLIV, 6; S. 115). Indem die Menschen egoistisch diesen falschen Idolen nachjagen, »schauen [sie] nicht mehr empor«, »ihre Seelengröße schwindet und verdorrt« (XLIV, 8; S. 117). Das Erhabene jedoch braucht, wie Pseudo-Longinos gemahnt, nichts nötiger als Freiheit: »Denn die Freiheit, so heißt es, vermag die Gedanken und Hoffnungen großer Geister zu nähren« (XLIV, 2; S. 114f.).

Der Liebe zum Geld schreibt auch Giordano Bruno die Zerstörung des Gewissens und der Grundwerte zu, auf denen das bürgerliche Leben gründet: »Die Weisheit und die Gerechtigkeit«, schreibt er in *Das Unermeßliche*, »begannen die Länder zu verlassen, als Sekten dazu übergingen, mit Meinungen Geld zu verdienen. [...] Durch solche Siege wurden die Religion und die Philosophie zerstört und Staaten, Königreiche und Regierungen zusammen mit ihren Weisen, Herrschern und dem Volk verwirrt, verdorben und vertrieben.«

Sogar John Maynard Keynes, der Vater der Makroökonomie, enthüllte in einem Vortrag aus dem Jahr 1928, dass »die Götter«, auf denen das Wirtschaftsleben gründet, unvermeidlich böse Geister sind. Geister eines notwendigen Übels, das uns »für wenigstens noch einmal hundert Jahre« zwingen werde, »uns selbst und allen anderen vor[zu]machen, dass schön wüst ist und das Wüste schön, denn das Wüste ist nützlich, und das Schöne ist es nicht«. Die Menschheit werde also weiterhin (bis zum Jahr 2028!) »Geiz, Wucher und Vorsorge« als notwendige Übel hinnehmen müssen, »denn nur sie können uns aus dem Stollen der wirtschaftlichen Notwendigkeit in das Tageslicht führen«. Erst dann, nach Erreichen eines verbreiteten Wohlstands, würden unsere Enkelkinder – der Titel *Wirtschaftliche Möglichkeiten für unsere Enkelkinder* spricht Bände! – endlich zu der Einsicht gelangen, dass das Gute immer besser ist als das Zweckhafte:

> Ich sehe also für uns die Freiheit, zu einigen der sichersten und gewissesten Grundsätzen der Religion und herkömmlichen Tugend zurückzukehren: dass Geiz ein Laster ist, das Verlangen von Wucherzinsen ein Vergehen, die Liebe zum Geld verächtlich und dass diejenigen, die sich am wenigsten um den Morgen sorgen, am wahrsten in den Pfaden der Tugend und maßvoller Weisheit wandeln. Wir werden die Zwecke wieder höher werten als die Mittel und werden das Gute dem Nützlichen vorziehen. Wir werden wieder diejenigen ehren, die uns lehren, wie der Stunde und dem Tage tugendhaft und gut gerecht zu werden, jene köstlichen Menschen, die zu einem unmittelbaren Genuss der Dinge fähig sind, die Lilien des Feldes, die sich nicht mühen und die nicht spinnen.

Auch wenn Keynes' Prophezeiung sich nicht bewahrheitet hat – leider schaut die vorherrschende Wirtschaftsordnung auch noch heute ausschließlich auf Produktion und Konsum und schätzt alles gering, was nicht funktional zur utilitaristischen Marktlogik ist, opfert die »freudvollen Künste« also nach wie vor dem Gewinn –, seine ehrliche Überzeugung bleibt für uns dennoch wertvoll: Der eigentliche Kern des Lebens deckt sich nicht mit dem Nützlichen, sondern mit dem Guten (mit dem, was die kommerziell orientierten Demokratien immer als unnütz angesehen haben).

Rund ein Jahrzehnt später stellte sich, aus einem ganz anderen Blickwinkel, in *La Limite de l'utile* auch Georges Bataille die Frage nach der Notwendigkeit, eine Ökonomie zu denken, die die Dimension des Antiutilitarismus im Blick behält. Im Unterschied zu Keynes machte sich der französische Philosoph über die vermeintlich edlen Zwecke der utilitaristischen Prozesse keine Illusionen, denn »der Kapitalismus unterscheidet sich klar von der Bemühung, die Situation der Menschen zu verbessern«. Nur dem Anschein nach hat er »die Verbesserung des Lebensstandards zum Ziel«, dabei handelt es sich allerdings um eine »trügerische Perspektive«. Tatsächlich hebt »die moderne Industrieproduktion [...] das mittlere Niveau an, ohne den Unterschied zwischen den Klassen abzumildern; insgesamt schafft sie nur zufällig Abhilfe für die soziale Not«; S. 218). In diesem Kontext lässt sich nur der Überschuss – sofern er nicht »in Abhängigkeit zur Produktivität« benutzt wird – »mit den schönsten Hervorbringungen der Kunst, der Dichtung, der vollen Blüte des menschlichen Lebens« verknüpfen. Ohne diese überschüssige Energie lasse sich das Leben »von Betrachtungen der Unterwerfung, wie sie in einer auf wachsende Produktion verpflichteten Welt beherrschend sind«, unmöglich befreien (S. 378).

Und doch hat George Steiner, ein großer Verteidiger der Klassiker und der humanistischen Werte, »die das Leben des Geistes privilegieren«, daran erinnert, dass »Hochkultur und aufgeklärte Korrektheit« es gleichzeitig und in dramatischer Weise nicht vermocht haben, »der Barbarei des Totalitarismus einen wirksamen Riegel vorzuschieben«. Leider mussten wir mehr als einmal Denker und Künstler erleben, die angesichts grausamer Entscheidungen gleichgültig blieben oder sich moralisch sogar zu Komplizen der Diktatoren oder Regimes machten, die solche Entscheidungen trafen. Das ist zweifellos richtig. Das gravierende Problem, das Steiner hier aufwirft, lässt mich an einen wunderbaren Dialog zwischen Marco Polo und Kublai Khan am Schluss der *Unsichtbaren Städte* von Italo Calvino denken. Durch die Sorgen des Herrschers in die Enge getrieben, zeichnet uns der unermüdliche Reisende ein dramatisches Bild der Hölle um uns herum:

> Die Hölle der Lebenden ist nicht etwas, das erst noch kommen wird. Wenn es eine gibt, ist es die, die schon da ist, die Hölle, in der wir jeden Tag leben, die wir durch unser Zusammensein bilden. Es gibt zwei Arten, nicht unter ihr zu leiden. Die erste fällt vielen leicht. Die Hölle zu akzeptieren und so sehr Teil von ihr zu werden, dass man sie nicht mehr sieht. Die zweite ist riskant und verlangt ständige Aufmerksamkeit und Lernbereitschaft: zu suchen und erkennen zu lernen, wer und was inmitten der Hölle nicht Hölle ist, und ihm Dauer und Raum zu geben.

Aber was wird uns dabei helfen können, damit wir inmitten der Hölle verstehen, was nicht Hölle ist? Auf diese Frage eine absolute Antwort zu geben ist schwierig. Obwohl Calvino selbst anerkennt, »dass die Klassiker dazu dienen, zu verstehen, wer wir sind und wo wir stehen«, warnt er uns in seinem Essay *Warum Klassiker lesen* davor, zu glauben, »die Klassiker müssten gelesen werden, weil sie zu etwas ›nützen‹«. Gleichzeitig behauptet

Calvino, »dass es besser ist, die Klassiker zu lesen, als sie nicht zu lesen«.

»Die Kultur«, bemerkt Rob Riemen ganz richtig, »hat genauso wenig wie die Liebe die Macht, etwas zu erzwingen. Sie liefert keine Garantien. Dennoch, die einzige Möglichkeit, unsere Menschenwürde zu erlangen und zu verteidigen, bieten uns gerade die Kultur und eine freie Erziehung.« Deshalb glaube ich, es ist auf jeden Fall *besser*, sich weiter dafür einzusetzen, dass die Klassiker, die Lehre und die Kultivierung des Überflüssigen uns dabei helfen können, zu *widerstehen*, die Hoffnung wachzuhalten und jenen Lichtstrahl zu sehen, der uns erlaubt, einen würdigen Weg zu beschreiten.

Bei allen Ungewissheiten ist eines doch gewiss: Wenn wir das Zweckfreie untergehen lassen, wenn wir auf die schöpferische Kraft des Nutzlosen verzichten, wenn wir nur dem todbringenden Gesang der Sirenen lauschen, der uns drängt, dem Gewinn nachzujagen, dann werden wir nur noch ein krankes und gedächtnisloses Gemeinwesen hervorbringen, dem in der Verwirrung zuletzt noch der Sinn seiner selbst und des Lebens abhanden kommt. Und dann, wenn wir durch die Verwüstung des Geistes vollends ausgedorrt sind, werden wir uns kaum mehr vorstellen können, dass der unwissende Homo sapiens überhaupt noch irgendeine Rolle dabei spielen soll, wenn es darum geht, die Menschheit menschlicher zu machen …

Dank

In diesen Essay ist eine Reihe von verstreuten Reflexionen eingeflossen, die ich in den letzten zehn Jahren in verschiedenen Vorträgen entwickelt habe, so auch in einem Vortrag, den ich im April 2012 an der Universidade Federal do Rio Grande do Sul in Porto Alegre anlässlich der Verleihung einer Ehrendoktorwürde gehalten habe. Danken möchte ich dem Freund Irving Lavin vom Institute for Advanced Study in Princeton, dass er mich auf den Essay von Abraham Flexner aufmerksam gemacht hat. Bei einer Podiumsdiskussion in Neapel am Istituto Italiano per gli Studi Filosofici im Juni 2011 übergab mir Lavin, angeregt durch den Titel meines Vortrags *Die nützliche Nutzlosigkeit der humanwissenschaftlichen Fächer*, die mir bisher unbekannten Seiten Flexners. Viel verdankt meine Arbeit unvergesslichen und leidenschaftlichen zweckfreien Unterhaltungen mit George Steiner und Alain Segonds. Ohne meine Studenten an der Università della Calabria und den diversen ausländischen Universitäten, an denen ich in den letzten Jahren lehrte, hätte ich viele Aspekte der Nützlichkeit des Unnützen schwerlich verstehen können. Der Verteidigung der Klassiker und der Kultur hat Gerardo Marotta, der Präsident des Istituto

Italiano per gli Studi Filosofici, sein ganzes Leben und seine wirtschaftlichen Mittel gewidmet.

Die hier vorliegende, um neue Abschnitte und neue Zitate erweiterte, Textfassung habe ich während meines Aufenthalts in Berlin (März–Juni 2013) als *visiting scholar* am Max-Planck-Institut für Wissenschaftsgeschichte ausgearbeitet: Dessen Direktor Jürgen Renn und den Kollegen, mit denen ich die in dem Band entwickelten Themen diskutierten durfte, gilt mein großer Dank.

Nuccio Ordine

Erster Teil

Die nützliche Nutzlosigkeit der Literatur

Gavroche war in der Tat zu Hause. O unverhoffte Nützlichkeit des Unnützen!
Victor Hugo, *Die Elenden*

1. »Wer nichts hat, der ist nichts«

In einer autobiografischen Erzählung erinnert sich Vincenzo Padula – ein revolutionärer Priester, der von 1819 bis 1893 in Kalabrien lebte –, wie ihm als noch jungem Schüler im Familienkreis die erste Lektion fürs Leben erteilt wurde. Als er auf eine vertrackte Frage seines Vaters (»warum kommt im Alphabet sämtlicher Sprachen zuerst das *A* und erst hinterher das *I*?«) keine befriedigende Antwort geben konnte, vernahm das Schulkind mit lebhafter Neugier die Erklärung, die der Vater parat hatte: »In dieser erbärmlichen Welt muss man etwas h*a*ben, damit man etwas *i*st, und wer nichts h*a*t, der *i*st auch nichts«, deshalb kommt der Buchstabe *a* immer vor dem Buchstaben *i*. Aber damit nicht genug: Diejenigen, die nichts haben, bilden in der »bürgerlichen Gemeinschaft« die Masse der Konsonanten oder Mitlaute, »weil sie nur zusammen mit den Stimmen der Reichen, den Vokalen, Laut geben und sich an deren Verlautbarungen anpassen, ohne die sie erst gar nicht laut werden könnten«.

Fast zwei Jahrhunderte später entspricht das Bild einer zweigeteilten, strikt in Herren und Sklaven, in reiche Ausbeuter und tiergleiche Arme unterteilten Gesellschaft, wie Padula sie beschrieben hatte, nicht oder kaum mehr dem Bild der Welt, in der wir leben. Bestehen jedoch bleibt, wenn auch in ganz anderen, raffinierteren Formen, eine Vorherrschaft des *Habens* über das *Sein*, eine Diktatur des Profits und der Besitzgier, die sämtliche Wissensgebiete und unser gesamtes alltägliches Verhalten bestimmt. Der *Schein* zählt mehr als das *Sein*: Was man vorzeigt – ein Luxusauto oder eine Markenuhr, ein prestigereicher Auftrag oder eine Machtposition –, ist von weit höherem Wert als die Bildung oder der Ausbildungsgrad.

2. *Brotlose Wissenschaften sind zu nichts nütze!*

Nicht zufällig werden die Geisteswissenschaften in den letzten Jahrzehnten als unnütz angesehen; nicht nur in den Lehrplänen werden sie an den Rand gedrängt, sondern auch und vor allem bei den staatlichen Haushaltsausgaben sowie der

Vergabe von Geldmitteln durch Privatunternehmen und Stiftungen. Weshalb Geld in einen Bereich stecken, der zur Brotlosigkeit verurteilt ist? Weshalb in Wissenschaften investieren, die keinen raschen, greifbaren wirtschaftlichen Erfolg bringen?

In diesem Kontext, der ausschließlich auf dem Bedürfnis des Abwägens und Beurteilens nach *quantitativen* Kriterien basiert, kann nun aber gerade die Literatur (und das Gleiche ließe sich auch für die anderen Geisteswissenschaften und für sämtliche der unmittelbaren Verwertbarkeit entzogenen Naturwissenschaften sagen) eine grundlegende, eine eminent wichtige Funktion übernehmen: Gerade dass sie für jedes Gewinnstreben unanfällig ist, könnte sie als Form des Widerstands gegen die Egoismen der Gegenwart ausweisen, als ein probates Mittel gegen die Barbarei des Nützlichkeitsdenkens, welches sich längst in unsere sozialen Beziehungen und in unsere intimsten Gefühle hineingefressen hat. Allein schon die Tatsache, dass es die Literatur gibt, lenkt die Aufmerksamkeit auf Werte, mit denen man mittlerweile gegen den Strom schwimmt und die als altmodisch gelten: auf die *Uneigennützigkeit* und die *Selbstlosigkeit*.

3. Was ist hier Wasser? Eine Anekdote von Foster Wallace

Das ist der Grund, weshalb ich meinen Studenten zu Anfang eines akademischen Jahres gern eine Passage aus einem Vortrag vorlese, den David Foster Wallace am 21. Mai 2005 vor Absolventen des Kenyon College in den Vereinigten Staaten hielt. Der Autor, der 2008 mit 46 Jahren tragisch verstarb, hatte seinen Studenten eine kleine Geschichte erzählt, die ganz wunderbar die Rolle und Funktion von Kultur veranschaulicht:

> Schwimmen zwei junge Fische des Weges und treffen zufällig einen älteren Fisch, der in die Gegenrichtung unterwegs ist. Er nickt ihnen zu und sagt: »Morgen, Jungs. Wie ist das Wasser?« Die zwei jungen Fische schwimmen eine Weile weiter, und schließlich wirft der eine dem anderen einen Blick zu: »Was zum Teufel ist Wasser?« (S. 9)

Der Autor selbst gibt uns einen Hinweis, wie seine Erzählung zu lesen ist: »Die naheliegende Pointe der Fischgeschichte ist, daß die augenfälligsten, allgegenwärtigsten und wichtigsten Wirklichkeiten oft die sind, die am schwersten zu erkennen und zu diskutieren sind« (S. 10). Wie die beiden jüngeren Fische machen wir uns nicht klar, was das Wasser, in dem wir jeden Augenblick unseres Lebens verbringen, wirklich ist. Wir haben kein Bewusstsein davon, dass Literatur und Geisteswissenschaften, Kultur und Bildung das ideale Fruchtwasser abgeben, in dem sich unsere Ideen von Demokratie, Freiheit und Gerechtigkeit, von Laizismus, Gleichheit, Recht auf Kritik, Toleranz, Solidarität und Gemeinwohl erst kraftvoll entwickeln können.

4. Die Goldfische des Obersten Buendía

Es sei mir erlaubt, kurz auf einen Roman einzugehen, der mehrere Generationen von Lesern zum Träumen gebracht hat. Ich denke an *Hundert Jahre Einsamkeit* von Gabriel García Márquez. Vielleicht lässt sich im hellsichtigen Wahn des Aureliano Buendía die fruchtbare Nutzlosigkeit der Literatur wiederfinden. Denn in seine Geheimwerkstatt eingeschlossen, fabriziert der revolutionäre Oberst Goldfische, im Tausch gegen Goldmünzen, die später eingeschmolzen werden, als Rohstoff für weitere Goldfische. Ein Teufelskreis, der der Kritik Ursulas, dem liebevollen Blick der um die Zukunft des Sohnes besorgten Mutter, nicht entgeht:

> Mit ihrem schrecklichen Sinn fürs Praktische brachte sie kein Verständnis für das Geschäft des Obersten auf, der Fischchen gegen Goldmünzen eintauschte, nur um die Goldmünzen wieder zu Goldfischchen zu machen, und so unentwegt weiter mit dem Erfolg, daß er desto mehr arbeiten mußte, je mehr er verkaufte, um einem aufreizenden Teufelskreis Genüge zu tun. Doch in Wirklichkeit reizte ihn nicht das Geschäft, sondern die Arbeit (S. 234).

Im Übrigen bekennt der Oberst selbst, dass er »[s]eine einzigen glücklichen Augenblicke seit dem fernen Nachmittag, an dem sein Vater ihn mitnahm, um das Eis kennenzulernen, [...] in der Goldschmiedewerkstatt verbracht [hatte], wo seine Zeit beim Herstellen goldener Fischchen vergangen war«. Und García Marquez schreibt weiter:

> Er hatte zweiunddreißig Kriege anstiften, hatte sämtliche Pakte mit dem Tod verletzen und sich wie ein Schwein auf dem Misthaufen des Ruhms wälzen müssen, um mit fast vierzig Jahren Verspätung die Vorrechte der Einfachheit zu endecken (S. 200).

Möglicherweise beruht der Schöpfungsakt, der dem zum Leben verhilft, was wir Literatur nennen, eben auf dieser *Einfachheit*, die, fernab jeden

Gewinnstrebens, nur durch reine Freude motiviert ist. Ein selbstloser Akt, bar eines bestimmten Zwecks. Imstande, sich jeglicher Wirtschaftslogik zu entziehen. Also nutzlos, da nicht in Bares umzumünzen. Aber notwendig, um durch seine bloße Existenz einem Wert Geltung zu verschaffen, der eine Alternative zur Vorherrschaft der Gesetze des Marktes und des Gewinns darstellt.

5. Dante und Petrarca: Die Gelehrsamkeit darf sich nicht zum Sklaven des Gewinns machen

Zu denselben Themen hatten sich im Übrigen bereits einige der Gründerfiguren der abendländischen Literatur mit Klarheit geäußert. Um nur ein illustres Beispiel zu geben: Im *Gastmahl* bricht Dante den Stab über die Pseudogelehrten, für die »die Gelehrsamkeit nicht Selbstzweck«, sondern nur Mittel zum Erwerb ist:

> Ihnen zur Schmach sage ich es, dass sie sich gar nicht Gelehrte nennen sollten. Ihnen ist die Gelehrsamkeit nicht Selbstzweck, sondern sie wollen mit ihr Geld oder Würden verdienen. Man kann doch auch den nicht einen Zitherspieler nennen, der eine Zither ins

Haus nimmt, um sie für Geld auszuleihen, aber nicht auf ihr zu spielen.

»Gelehrsamkeit« hat, kurzum, mit utilitaristischen Zwecken des Geldverdienens nichts zu schaffen. Und genau der zweckfreien Liebe zur Wissenschaft widmet auch Petrarca einige Überlegungen in Prosa und in Versen, die seine Verachtung für eine fehlgeleitete, nur auf Gewinn erpichte Menge zum Ausdruck bringen (»›Arm ist und nackt, Philosophie, dein Wandern‹ / so, die beschäftigt sind mit niederm Handel«). In diesem berühmten Sonett aus dem *Canzoniere* ermuntert der Dichter einen edlen Freund, bei seinem »so hohen Wandel« zu bleiben und weiter Werke zu verfassen, auch wenn ihm die harte Mühe vielleicht nur durch die Ruhmeszeichen des Myrten- und Lorbeerkranzes vergolten werde:

Seit Fressgier, Schlaf und Federn, müßig-träge,
so jede Tugend aus der Welt verbannten,
dass unsrer von Gewohnheit übermannten
Natur die Bahn sich krümmt auf ihrem Wege

Und sich die Himmelslichter, die Gepräge
dem Menschenleben gaben, von uns wandten,
dass Finger zeigen auf den Hirnverbrannten,
der Helikon gern einen Quell entzöge:

Wo ist der Drang zum Lorbeer, zu der Myrte?
»Arm ist und nackt, Philosophie, dein Wandern«
(so, die beschäftigt sind mit niederm Handel).

Nicht viel Gefährten hast du auf dem andern
der Wege; darum doppelt, Geisteshirte,
beschwör ich dich: bleib bei so hohem Wandel!

6. Die goldenen Nachttöpfe der utopischen Literatur

Die gleiche Verachtung für Geld, Gold, Silber und jede auf Handel und Erwerb zielende Aktivität ist in der utopischen Literatur der Renaissance anzutreffen. Auf den berühmten Inseln, die an geheimnisvollen Orten fernab der abendländischen Zivilisation liegen, wird jede Form individuellen Eigentums verdammt im Namen eines kollektiven Interesses. Der Habgier der Einzelnen wird ein auf die Liebe zum Gemeinwohl gegründetes Modell entgegengesetzt. Sieht man einmal ab von den unbestreitbaren Unterschieden zwischen diesen Texten und dem Umstand, dass einige Aspekte der darin vorgeschlagenen Gesellschaftsorganisation an objektive Grenzen stoßen, tritt unmissverständlich die harsche Kritik an einer zeitgenössischen Wirklichkeit zutage, in der die soziale Gerechtigkeit und das Wissen gering geachtet werden. Durch die utopische Literatur zeigen die Autoren also die Mängel und Widersprüche einer europäischen Gesellschaft auf, der die grundlegenden Werte des Lebens und der menschlichen Solidarität abhandengekommen sind.

In *Utopia* von Thomas Morus, einem Gründungstext der Gattung, verabscheuen die Inselbewohner das Gold dermaßen, dass sie es zur Herstellung von Nachttöpfen benutzen.

> Während sie nämlich zum Essen und Trinken nur Gefäße aus Ton und Glas benutzen, die zwar sehr hübsch aussehen, aber trotzdem billig sind, fertigen sie aus Gold und Silber nicht nur für die Gemeinschaftshallen, sondern auch für die Privathäuser allenthalben Nachtgeschirre und sonstige zu ganz gewöhnlichem Gebrauch bestimmte Gefäße an. [...] So sorgen die Utopier mit allen Mitteln dafür, daß Gold und Silber in Verruf kommt [...](S. 78f.).

Für die Utopier heißt das, dass dort, »wo es noch Privateigentum gibt, wo alle an alles das Geld als Maßstab anlegen, [...] kaum jemals eine gerechte und glückliche Politik« zugunsten des Gemeinwesens möglich sein wird,

> es sei denn, man will dort von Gerechtigkeit sprechen, wo gerade das Beste immer den Schlechtesten zufällt,

> oder von Glück, wo alles unter ganz wenige verteilt wird (S. 48).

In derselben Weise machen in Tommaso Campanellas *Sonnenstaat* die Solarier im Eigentum und im Besitzstreben die Hauptursachen der Korruption aus, den Antrieb für die Menschen, sich am »Gemeinbesitz zu vergreifen«:

> Sie [die Solarier] behaupten, das Eigentum habe bei uns nur entstehen und sich behaupten können, weil wir eigene Wohnstätten, eigene Frauen und eigene Kinder haben. Daraus entspringt die Selbstsucht: Wer nämlich seinem Sohn zu Reichtum und Ansehen verhelfen und ihm viele Güter hinterlassen will, vergreift sich zu diesem Zwecke am Gemeinbesitz [...] (S. 39).

Campanella, der in den Mittelpunkt seiner *civitas* die Weisheit stellt, ist überzeugt, dass »der Reichtum [die Menschen] unverschämt, hochmütig und unwissend macht, außerdem treulos, eingebildet, unehrlich, prahlerisch [...]« (S. 60). Im Gegensatz zu den Spaniern, die »aus bloßer Gier nach Gold und Reichtum aus[zogen] und [...] neue Länder entdecken« wollten (S. 102), reisen die Solarier nur, um neue Kenntnisse zu erwerben.

Sogar Francis Bacon, der in der utopischen Literatur eine Sonderstellung einnimmt, und dies nicht nur, weil in seinem *Neu-Atlantis* (1627) Besitz nicht geächtet wird, legt Wert darauf, zu betonen, dass seine Inselbewohner nicht »wegen Gold, Silber, Juwelen, Seide, Spezereien und anderer materieller Waren« ausschwärmten und Handel trieben, sondern um sich »über die Wissenschaften, Künste, Gewerbe und die Erfindungen der ganzen Welt in Kenntnis [zu] setzen« und »Bücher, Instrumente und Muster jeder Art« (S. 75) mitzubringen. Und obwohl die elitären Prinzipien, die dem »Haus Salomons« ihren Geist aufprägen, sich auf den aufgeklärten Fortschritt berufen, auf ein praktisches Wissen und eine auf die Bedürfnisse der Menschheit abgestimmte Technik, ist Bacons Projekt, wie Raymond Trousson bemerkt, »nicht ökonomischer Natur«, sondern basierend vor allem auf den »Erfordernissen einer modernen Wissenschaft«.

Wohlstand anzustreben und den Umlauf von Gold und Silber zu erlauben (S. 82), das bedeutet auch, sich mit den Zwiespältigkeiten der Technik und den Gefahren der Korruption auseinanderzusetzen. Auf der Insel betrachten die Beamten sich als loyale Diener des Staates und des Gemeinwohls. Ihr Ethos verbietet es ihnen, Geldgeschenke anzunehmen, wie die Fremden, die es zufällig nach Bensalem verschlagen hat, verwundert berichten:

> Damit verließ er [der Beamte] uns. Wir boten ihm Goldstücke an, doch lächelnd sagte er, daß er für eine Arbeit nicht doppelt bezahlt werden dürfe. Diese Worte sollten nach meiner Meinung bedeuten, daß er für seine Tätigkeit vom Staate genügend Gehalt beziehe. Denn man nennt dort – wie ich später erfuhr – einen Beamten, der Zuwendungen annimmt, einen *Doppelverdiener* (S. 55).

7. Jim Hawkins: Schatzjäger oder Numismatiker?

Die fantastischen Inseln waren jedoch nicht nur Modelle einer Gesellschaft, in der man Reichtum und Ungerechtigkeit verschmäht. In einem der berühmtesten Abenteuerromane, in der *Schatzinsel*, hat Robert Louis Stevenson sie auch zu einem mythischen Ort gemacht, wo in Geschichten von Piraten und Mord auch ungeheuer große Schätze eingeflochten sind. Tatsächlich dreht sich die ganze Erzählung um eine beschwerliche Fahrt der *Hispaniola*, auf der die von Kapitän Flint in einem unbekannten Atoll des Karibischen Meeres verscharrte märchenhafte Beute geborgen werden soll:

> Wie viele Leben es gekostet hatte, [den Schatz] anzuhäufen, wie viel Blut und Leid, wie viele auf den Grund versenkte gute Schiffe, wie viele wackre Männer, so mit verbundnen Augen über die Planke gehen mußten, wie viele Kanonenschuß, wie viel an Scham und Lügen und Grausamkeit, das vermocht womöglich kein Lebender zu sagen (S. 294f.).

Im hitzigen Dialog mit Doktor Livesey macht der Squire Trelawney nicht nur kein Hehl aus seiner Bewunderung für den Piraten Flint (»Die Spanier hatten solche ungeheuerliche Angst vor ihm, daß ich, das will ich Euch sagen, bisweilen stolz war, weil er ein Engländer war«; S. 58f.), sondern gründet sogleich eine Gesellschaft, um ein Schiff auszurüsten und sich auf die Suche nach dem ungeheuer großen Kapital zu machen, das die Piraten unrechtmäßig angehäuft haben. Wie Geminello Alvi bemerkt, offenbart sich in diesem Unternehmen die »Doppelzüngigkeit der beiden Gentlemen«, zugleich aber auch die »Verwandtschaftsbeziehung zwischen der Unternehmensindustrie der Piraterie und dem Kapitalisten«. Die neuen *conquistadores*, wild entschlossen, den Raubschatz des legendären Flint an sich zu reißen, packen die Gelegenheit deshalb beim Schopfe:

> »Geld!«, rief der Squire. »Habt Ihr die Geschichte nicht gehört? Worauf anders hatten's diese Spitz-

> buben abgesehen als auf sein Geld? Wofür sonst interessierten sie sich denn für Geld? Wofür sonst setzten die ihre schurkischen Kadaver aufs Spiel denn für Geld?« (S. 59)

Auch der junge Hawkins, die Hauptfigur des Romans, sticht mit seinen *Kompagnons* in See. Und nachdem er tausend Widrigkeiten überwunden und mehrfach sein Leben aufs Spiel gesetzt hat, gelangt der junge Mann endlich in die Höhle, ins Versteck der kolossalen Beute. Doch hier wartet auf den Leser eine echte Überraschung: Sobald Jim nämlich in Besitz des von den skrupellosen Freibeutern angehäuften Schatzes gelangt ist, beginnt er die Kostbarkeiten zwar für den Abtransport auf dem Schiff zu verpacken, legt für den materiellen Wert der Münzen aber eine völlige Gleichgültigkeit an den Tag:

> Es war eine seltsame Sammlung, so ungefähr wie Billy Bones' Hort, was die Verschiedenartigkeit der Prägungen angeht, aber so viel größer und so viel mannigfaltiger, daß ich denk, ich hatte nie ein größres Vergnügen als beim Sortieren von diesem. Englische, französische, portugiesische, Georgsköpfe und Louisdors, Dublonen und Doppelguineen und Moidors und Zechinen, die Abbildungen aller Könige in Europa seit den letzten hundert Jahren, seltsame orientalische Stücke mit Prägungen, welche wie Fadenenden oder

> Spinnwebfetzen aussahen, runde Stücke, welche in der Mitte durchbohrt waren, als solle man sie um den Hals tragen – ziemlich jede Geldsorte auf der ganzen Welt muß, so denk ich, in jener Sammlung ihren Platz gefunden haben; und was die Anzahl betrifft, ich bin sicher, es waren so viele wie die Herbstblätter, so daß mir der Rücken vom Bücken wehtat und die Finger vom Sortieren (S. 296f.).

Am Ende eines beschwerlichen Weges der Initation, auf dem er vor allem die diversen Gesichter des Bösen kennenlernt, schaut sich der junge Protagonist des Romans die Gold- und Silberstücke mit dem Staunen des angehenden Münzsammlers an, ohne sich im Mindesten durch ihre Kaufkraft angezogen zu fühlen. Im Unterschied zu den gierigen Besatzungsmitgliedern hat er seinen Spaß daran, die Münzen zu katalogisieren, er ist fasziniert von der Vielfalt der darauf porträtierten Herrscher und von der Seltsamkeit der darauf eingravierten Zeichnungen. Als ob ihr Wert, jenseits jeglichen wirtschaftlichen Interesses, einzig und allein auf die historisch-künstlerische Sphäre beschränkt wäre. So viele Risiken, um am Ende des Abenteuers zu entdecken, dass der wahre Schatz nicht deckungsgleich ist mit Dublonen und Dukaten, sondern mit der Kultur, deren Ausdruck sie sind. In Einklang mit Stevensons an anderer Stelle ausdrücklich erklärter Überzeugung, dass *Sein* mehr bedeutet als *Haben*, begreift Jim im mysteriösen Atoll in der Karibik dank einer nutzlosen *Neugierde*, dass die Münzprägungen sehr viel mehr wert sind als ihr Handelskurs, da sie nicht nur unterschiedliche Ausprägungen des Schönen bezeugen, sondern auch denkwürdige Augenblicke in der Geschichte von Völkern und Reichen dokumentieren. Jetzt, wo er gegen das Goldfieber gefeit ist, bekennt er in den letzten Zeilen, dass er dem Barrensilber, das nach wie vor auf der Insel vergraben liegt, nicht nachtrauert:

> Das Barrensilber und die Waffen liegen nach allem, was ich davon weiß, immer noch, wo Flint sie vergraben; und um meinethalben mögen sie da gewißlich liegen bleiben. Keine zehn Pferde würden mich nochmals zu jener verfluchten Insel bringen (S. 303).

8. »Der Kaufmann von Venedig«: Das Pfund Fleisch, Belmont und die Hermeneutik des Silens

Aber auch Shakespeare denkt sich ein Reich aus, das gegen Profitgier immun sein soll. Im Hinterland von Venedig liegt einer der beiden Schauplätze, wo sich das Ränkespiel des *Kaufmanns von*

Venedig zuträgt. Im fantastischen Reich Belmont werden Gold und Silber, wie man schon den Versen auf den Kästchen entnehmen kann, die mit der Wahl des künftigen Gemahls der schönen und klugen Portia zu tun haben, tatsächlich gering geschätzt. Der Prinz von Marokko, der es vorzieht, das Kästchen mit der Aufschrift *»Wer mich erwählt, gewinnt, was mancher Mann / ersehnt«* zu öffnen (II. 7, 37), findet darin nicht das Porträt der ersehnten Braut, sondern wird durch die Verse auf einem Schriftblatt verhöhnt, das in der »Augenhöhle« eines »Totenschädels« steckt:

> *Alles ist nicht Gold, was gleißt, / Wie du, oft gehört, wohl weißt, – / Manches Leben sich verschleißt, / Um das, was mein Schein verheißt, / Wurm wird auch im Goldgrab feist: / Wärst du nur so weis wie dreist, / Wie im Fleisch jung, alt im Geist, / Hieß er jetzt nicht so, wie's heißt: / Geh, und wenn dein Herz vereist* (II. 7, 65–73).

Das gleiche Los erwartet den Prinzen von Aragon, den das silberne Kästchen mit der aufgeschriebenen Verheißung *»Wer mich erwählt, erhält so viel, als er verdient«* (II. 7, 5) lockt. Denn statt Portia zu bekommen, muss er einen harschen Vorwurf einstecken:

> *Silber braucht siebenmal den Brand, / Sieben Proben braucht Verstand, / Bis ihm wahre Wahl bekannt. /*

Mancher glaubt an Schattentand, / Dem wird Schattenglück gesandt: / Silbergraue Narrn im Land / Findt man oft, bist anverwandt. / Nimm im Bett gleich welche Frau, / Sieh mich stets im Spiegel, schau, / Nun geh fort, all das verdau (II. 9, 63–72).

Unter den vielen Anwärtern wird lediglich der »Humanist« Bassanio die richtige Wahl treffen. Seine Worte scheinen tatsächlich die Verse vorwegzunehmen, die er wenig später im bleiernen Kästchen vorfindet, auf dem der Hinweis steht: *»Wer mich erwählt, muß geben und muß wagen, was er hat«* (II. 7, 9):

So ist oft äußrer Schein dem Kern am fernsten, – / Die Welt wird stets durch Flitter doch betrogen – / Im Recht, wo gibt's den Fall so stinkend faul, / Der nicht, mit schönen Worten übersüßt, / Das Bild des Bösen auswischt? In Religion, / Gibt's einen Irrwahn, den ein kluger Kopf / Nicht heiligspricht und stützt mit einem Text, / Nicht seine Plattheit birgt mit Flitterschmuck? / Kein Laster ist so dumm, daß sich's nicht ein / Paar Tugendfetzen außen um sich schlingt; / Wie manche Memmen, falsch im Herzen wie / Ein Pfad im Schwarzmoor, tragen nicht am Kinn / Den Bart des Herkules, des finstern Mars, / Und haben, säh man 's Innre, Herzen fahl wie Milch? – / Und tragen nur statt Mut mutige Bärte, / Daß sie zum Fürchten aussehn (III. 2, 73–88).

Bassanio schätzt es nicht, Geld anzuhäufen, und kümmert sich nicht um sein Vermögen (»Es ist nicht neu für Sie, Antonio, / Wie ich mein Hab und Gut geschmälert hab / Durch eine Lebensart von größerm Zuschnitt, / Als meine schwachen Mittel lang erlaubten« (I. 1, 122–127). Und obwohl die Ehe mit Portia sich zunächst in eine Strategie zur Schuldentilgung einzupassen scheint (wie er Antonio gestehen wird: »[...] / Und nehm aus Ihrer Freundschaft mir das Anrecht, / An Plan und Plänen Ihnen zu eröffnen, / Wie ich frei werden will von aller Schuld« (I. 1, 132–134), bringt der Brautwerber, sobald er in der imaginären Residenz vor den Kästchen steht, eine ganz auf der Dialektik von Wirklichkeit und Schein beruhende Weltsicht zum Ausdruck. Für den jungen Venezianer ist der äußere Anblick, der sich unseren Augen bietet, trügerisch. Man muss durch die Oberfläche hindurchsehen können, um zu begreifen, dass Lügen sich oft mit Wahrheiten maskieren und dass sich hinter glänzendem Gold und Silber unendlich viele Tücken verbergen:

> So ist Schmuck nur das trügerische Land / Zu einem Unheilsmeer: der schöne Schleier, / Der einer Vettel Liebreiz einhüllt; kurz, / Die Scheinwahrheit, die Weltenlist sich anlegt, / Den Weisesten zu fangen.

> Drum, Glitzergold, / Du hartes Midas-Mahl, ich will dich nicht / Noch dich, du bleicher, abgeschmackter Bote / Von Mensch zu Mensch: doch du, du magres Blei, / Das eher droht als irgendwas verspricht, / Dein Schlichtes rührt mich mehr als große Worte, / Und hier, hier wähle ich – Glück sei die Folge! (III. 2, 97–107).

Nicht zufällig wird Bassanio im bescheidensten der Kästchen, dem aus Blei, das Porträt der Geliebten finden und die Verse, die seine Besonnenheit belohnen: *»Du wählst nicht nach äußerm Schein, / Du wählst gut, sollst glücklich sein«* (III. 2, 131f.). Der Liebende erobert Portia im Rückgriff auf die Figur des Silens, eine Figur, die in der Renaissance von diversen Autoren (darunter Pico, Erasmus, Rabelais, Ronsard, Tasso und Bruno) mehrfach neu lanciert wurde. Gegründet auf den Topos des Sokrates als Silen, den Alkibiades im *Symposion* beschreibt, wird dieses Bild ein hermeneutisches Werkzeug, um die Funktionsweise von Texten und der Welt zu erklären: Man muss notwendig durch die Umhüllung dringen, um hinter der äußeren Erscheinung auf das wahre Wesen der Dinge zu stoßen. Die Verpackung, kurzum, zählt nicht. Eine Regel, die nicht nur zur Beurteilung von Worten, sondern auch von Dingen und von Menschen taugt.

In Venedig hingegen gelten ganz andere Werte als in Belmont. Hier – in einem Kontext, in dem eine Reihe sozialer und religiöser Konflikte zum Vorschein kommt – beherrschen die Themen des Wuchers und des Handels die Szene so sehr, dass sogar die Menschen selbst mit Waren und Münzen gleichgesetzt werden. Um Bassanio zu helfen, leiht Antonio sich beim Juden Shylock dreitausend Dukaten. Der venezianische Kaufmann ist sich der Gefahr, in die er sich begibt, sehr wohl bewusst (der Gläubiger wird beschrieben als ein umgekehrter Silen: »Ein böser Geist, der heiliges Zeugnis bringt, / Ist wie ein Gauner mit 'ner Lächelmiene, / Ein schöner Apfel tief im Kern verfault. / O welches schöne Äußre Falschheit hat!«; I. 3, 96–99). Die vereinbarte Vertragsstrafe besteht nämlich nicht aus Geld, sondern aus einem Pfund Fleisch, das sich der Gläubiger selbst aus dem Leib des Schuldners herausschneiden darf (»Als Buße festgesetzt ein glattes Pfund / Von Ihrem feinen Fleisch, herauszuschneiden / Aus welchem Teil von Ihrem Leib mir paßt«; I. 3, 146–148). Und da er den Vertrag aufgrund der gescheiterten Ankunft seiner Schiffe nicht erfüllen kann, wird Antonio von dem reichen Wucherer vor Gericht gezerrt, denn dieser, der genau darauf spekuliert hat

(»ich will von ihm das Herz«; III. 1, 117), pocht auf die Einhaltung der Abmachungen.

In der Unmenschlichkeit, die Shylock mehrfach zum Vorwurf gemacht wird, hallt die Unmenschlichkeit nach, die in der vorausgehenden Szene der Jude selbst den Christen vorgeworfen hatte:

> Hat nicht ein Jud auch Augen? hat nicht ein Jud auch Hände, Glieder, Körper, Sinne, Sehnsucht, Leidenschaft? genährt von gleicher Nahrung, verletzt von gleichen Waffen, anfällig gleichen Leiden, geheilt durch gleiche Mittel, fühlt er warm und fühlt er kalt vom gleichen Winter wie vom gleichen Sommer ganz wie ein Christ? – wenn ihr uns stecht, bluten wir nicht? wenn ihr uns kitzelt, lachen wir nicht? wenn ihr uns vergiftet, sterben wir nicht? und wenn ihr uns Unrecht tut, solln wir uns dann nicht rächen? (III. 1, 53–61).

Die Beilegung des Streites wird Portia – verkleidet als »Rechtsgelehrter« Balthasar – obliegen. Der Vertrag wird buchstäblich einzuhalten sein. Der Jude wird exakt das ihm Zustehende herauszuschneiden haben: ein Pfund Fleisch, ohne einen Tropfen Blut, kein Gramm mehr, kein Gramm weniger. Die Vertragsstrafe wird mit der Waage des Goldschmieds nachgewogen werden, und die geringste Abweichung wird Shylock mit seinem

Leben und seinem Hab und Gut büßen (»Drum sei bereit, das Fleisch herauszuschneiden, – / Vergieß kein Blut, noch schneid nicht mehr noch weniger / Als grad ein Pfund: wenn du mehr oder weniger / Nimmst als genau ein Pfund, sei's nur so viel, / Wie's leichter oder schwerer wird im Ganzen / Oder im Bruchteil vom zwanzigsten Bruchteil / Nur eines armen Quäntchens, ja, wenn die Schale / Sich um die Breite eines Haars nur senkt, / Dann stirbst du, und dein Gut fällt an den Staat«; IV. 1, 321–329). Natürlich darf kein Blut eines venezianischen Bürgers vergossen werden. Zugleich aber wird genau das Überflüssige (was zu viel ist) oder jegliche Abweichung vom *Maß* (was zu wenig ist) den Gläubiger davon abbringen, den Schuldschein geltend zu machen.

Portia wird Shylock und Antonio zumindest einen Moment lang daran erinnern, dass die Gesetze des Geldes und des Wuchers nicht in der Lage sind, auch Menschen in Waren zu verwandeln. Ob sie nun Jude oder Christ sind – der unechte Balthasar unterscheidet absichtlich nicht zwischen beiden: »Wer ist der Kaufmann hier? und wer der Jude?« (IV. 1, 171) – kein Vertrag erlaubt die Gleichsetzung von menschlichem Fleisch mit irgendeinem Produkt des Marktes. Das Leben ist, anders, als der Gläubiger meint, nicht deckungsgleich mit Geld (»[...] ihr nehmt mein Leben, / Wenn ihr die Mittel nehmt, wovon ich leb«; IV. 1, 373f.). Und die schöne Herrin von Belmont bezeugt es höchstpersönlich, wenn sie jegliche Vergütung für ihre Arbeit ablehnt (»Reich ist bezahlt, wer reich befriedigt ist, / Und ich, indem ich half, bin reich befriedigt, / Und hierin halt ich mich für reich bezahlt, – / Mein Sinn war nie kaufmännischer als heute«; IV. 1, 411–414).

Eine indirekte Bestätigung dafür, wie zentral das Thema des Wuchers und des Geldes in diesem Stück sind, kommt auch von den scharfsinnigen Analysen des Karl Marx, der Shylock in diversen Werken erwähnt. Ganz abgesehen von der kontroversen Interpretation seiner Auffassung der »Judenfrage«, ist Marx überzeugt, dass der Protagonist des *Kaufmanns von Venedig* zur Inkarnation des Kapitalismus wird, indem er den »Übergang vom Wucherer zum modernen Gläubiger markiert«. So wird das Gespenst Shylock – das mit dem Juden, wie er leibt und lebt, nichts zu tun hat – in seinen Schriften über den Wucher zu einer Metapher des Kapitals und der Entfremdung des auf Geld und Ware reduzierten Menschen. Entsprechend erklärt Luciano Parinetto in seinem

Essay über Marx und die von Shakespeare geschaffene Figur:

> Wie der Jude, wie Shylock, ist das Kapital von chimärischer Nationalität, weil es keine Rücksichten nimmt und auch keine Grenzen kennt: ob innerhalb oder außerhalb der Nation, *es beansprucht sein Pfund Fleisch*. Aus diesem Grund personifiziert der erdichtete Jude, der definitionsgemäß keine Heimat hat, es so beispielhaft. Er ist eine weitere Bekräftigung dafür, was Marx 1843 geschrieben hatte: »Die chimärische Nationalität des Juden ist die Nationalität des Kaufmanns, überhaupt des Geldmenschen.«

Angesichts des mehrdeutigen Spiels der Gegensätze, das Shakespeare in dieser rätselhaften und komplexen Komödie geschickt inszeniert, glaube ich, dass die Hermeneutik des Silens uns behilflich sein kann, die Verkehrungen von Wirklichkeit und Schein, von Wahrheit und Fiktion zu erfassen. Wie passend dazu Franco Marenco betont, betrifft das Spiel auch das Wesen des Wortes selbst, dessen Sinn schwankt zwischen der wörtlichen und der übertragenen Bedeutung. So verweisen die Themen des Wuchers, des Handels, des Kredits und der Verschuldung, des Verschwendens und des Hortens, der Nachsicht, der heterosexuellen und homosexuellen Liebe, der Melancholie und der Freude, des Konflikts zwischen Juden und Christen, der religiösen Spannungen zwischen Radikalen und Gemäßigten, der zwiespältigen Beziehungen zwischen Unterdrückten und Unterdrückern allesamt auf die dialektische Beziehung zwischen *res* und *verba (intus* und *extra)*, wie sie jeden Aspekt des Theaterstücks beherrscht.

Dieselbe Szene kann verschiedene Bedeutungen annehmen. Alles hängt vom Gesichtspunkt ab, unter dem man die Gesten und Worte des Spielenden interpretiert. Der Jude Shylock ist gleichzeitig Opfer und Henker, so wie Opfer und Henker auch die mit ihm streitenden Christen sind. Angesichts ein und derselben Situation gibt es einen Lachenden und einen Weinenden (Portias Anspielung auf den weinenden Philosophen, den »weeping philosopher« [I. 2, 47], verweist zweifellos auf den *Topos* von Heraklit und Demokrit). Das Komische und das Tragische leben im selben Raum nebeneinander: Für die Figuren (auf der Bühne) und für die Zuschauer (im Welttheater) vermag dieselbe Szene bei dem einen Freude, bei dem anderen Leid auszulösen. Unsicherheit und Relativität durchdringen, wie Agostino Lombardo betont hat, die gesamte Anlage des Werkes.

Noch weitere wichtige Fragen verdienten es, erwähnt und diskutiert zu werden. In dieser kurzen Reflexion wollte ich jedoch nur einen der vielen Fäden unter die Lupe nehmen, die Venedig mit dem imaginären Reich Belmont verbinden könnten, wo Gold und Silber, verglichen mit dem melodiösen Vogelgezwitscher und den Naturschönheiten, nichts zählen. In Übereinstimmung mit einigen Überlegungen Portias bringt das Lorenzo klar zum Ausdruck, wenn er die Auffassung vertritt, dass der Mensch, der nicht empfänglich ist für Musik, möglicherweise leicht der utilitaristischen Gewalt von Betrug und Raub nachgibt:

> Der Mensch, der nicht Musik hat in sich selbst, / Den nicht die Eintracht süßer Töne rührt, / Der taugt zu Raub, Verräterei und Plündrung, / Dumpf wie die Nacht die Regung seiner Seele, / Und sein Empfinden wie der Hades dunkel: / So einem nie vertraun: – spür die Musik (V. 1, 83–88).

Hier – auf dieser von Shakespeare erfundenen fantastischen *Insel*, wo, wie das Bleikästchen zu bedenken gibt, *Geben* seliger ist denn *Haben* –, hier scheinen Unentgeltlichkeit und Uneigennützigkeit vor der Zerstörungskraft des Götzen Geld geschützt zu sein, vor dem unmenschlichsten Zweckdenken, das die Menschen dazu verurteilt, zu Sklaven des Profits zu werden und sich in gewöhnliche Ware zu verwandeln …

9. Aristoteles: Wissen hat keinen praktischen Nutzen

Auch die Bildung muss vor der zersetzenden Kraft des Geldes und des Profits geschützt werden. Zum Wert des Wissens an sich hat Aristoteles in seiner *Metaphysik* wichtige Seiten geschrieben. Ihm gebührt das Verdienst, klar die Idee formuliert zu haben, dass das Wissen auf den höheren Stufen keine »hervorbringende Wissenschaft« ist. »Denn weil sie staunen, beginnen die Menschen jetzt und begannen sie anfänglich zu philosophieren.« Auf Erkenntnissuche begaben sie sich, weil »sie zu Beginn über die naheliegenden Merkwürdigkeiten staunten«. Obwohl sie also »Philosophie betrieben, um der Unwissenheit zu entgehen«, ist doch klar, »dass sie das Verstehen um des Wissens willen verfolgten und nicht wegen eines Nutzens«:

> Es ist also klar, dass wir sie nicht um irgendeines anderen Nutzens willen suchen, sondern wie wir sagen, dass ein Mensch frei ist, der um seiner selbst, nicht eines anderen willen lebt, so sagen wir auch, dass diese die einzige freie unter den Wissenschaften ist, denn allein diese ist um ihrer selbst willen.

Auf dieser Freiheit der Philosophie, die sich auszeichnet durch die Weigerung, sich zum Sklaven der Wissenschaft zu machen, gründet sich die *Göttlichkeit* der Menschen (»Daher könnte auch ihr Erwerb mit Recht als nicht mehr nur menschlich gelten«).

10. Reiner Theoretiker oder Philosophenkönig? Die Widersprüche Platons

Aristoteles löst die Spannung zwischen dem an reiner Theoriebildung interessierten einerseits und dem politisch engagierten Philosophen andererseits, die bei Platon noch Bestand hat, also in klarer Weise auf. In Platons *Theätet* unterscheidet Sokrates tatsächlich noch zwischen »Sklaven« und »freien Männern«, zwischen denjenigen, welche die Gerichte aufsuchen, und den anderen, die es ausschließlich mit der Philosophie halten.

> Diejenigen, die von Jugend auf ihre ganze Zeit füllen mit gerichtlicher oder ähnlicher Tätigkeit, machen im Vergleich zu denen, die es mit der Philosophie halten und in dieser Beschäftigung groß geworden sind, den Eindruck, als hätten sie die Erziehung von Sklaven erhalten im Gegensatz zu der von freien Männern (172C–D, S. 80).

Die »freien Männer« kennen keine Zeitnot und schulden niemandem Rechenschaft, während die »Sklaven« dem Diktat der Uhr und eines *Herrn* unterstehen, der entscheidet:

> Insofern, als die Letzteren immer, um deinen Ausdruck zu gebrauchen, Muße haben und ihre Erörterungen in Frieden und Ruhe betreiben; [...] Und die Länge oder Kürze der Erörterung kommt dabei gar nicht in Betracht, sondern lediglich das Interesse an der Wahrheit. Die anderen aber reden immer in drangvoller Hast – denn das abrinnende Wasser (der Wasseruhr) drängt sie zur Eile –, und sie dürfen bei ihren Ausführungen nicht etwa ihren eigenen, besonderen Wünschen folgen, sondern der Gegner setzt ihnen zu mit seinem Zwangsmittel der verlesenen Klageschrift, an die sie sich strengstens halten müssen, was man »Gegeneid« (Antomosie) nennt. Die Reden aber sind immer die eines Mitsklaven an den zu Gericht sitzenden Herren, der die Entscheidung in der Hand hat [...] (172D–E, S. 80).

Ihr Ziel fest vor Augen, verstehen sich diese Mitsklaven darauf, »den Herrn mit Worten zu umschmeicheln und mit Handlungen zu begütigen; aber an ihrer Seele werden sie kleinlich« und lassen jegliche Aufrichtigkeit vermissen:

> Denn die Knechtschaft von Kind auf hat ihnen den Zug zum Großen, Geraden und Freien geraubt durch den Zwang, krumme Wege zu wandeln, den sie ihnen

> dadurch auferlegt, daß sie ihren noch zarten Seelen mit großen Gefahren und Ängsten zusetzt, die sie nur mit Verletzung der Gerechtigkeit und Wahrheit überstehen können. So wenden sie sich denn zur Lüge und zur gegenseitigen Verunglimpfung, wodurch sie viele Verunstaltungen und Verstümmlungen erleiden, so daß, wenn sie aus Jünglingen zu Männern werden, sie nichts Gesundes mehr in ihrer Denkart haben, ihrer eigenen Meinung nach freilich gewaltige Helden und weise Männer [sind] (173A–B, S. 80f.).

Die »wahren Philosophen« aber »wissen von Jugend auf weder den Weg nach dem Markte noch auch wo das Gerichtshaus oder das Rathaus oder sonst eine öffentliche Versammlungsstätte liegt«; sie wissen nichts vom »Wettbewerb der Genossenschaften um die Staatsämter, Vereine, Gastmähler und Umzüge mit Flötenspielerinnen«, ja, »überzeugt von der Kleinlichkeit, ja völligen Nichtigkeit dieser Dinge«, erforscht ihr Geist stattdessen »die Bahnen der Sterne oben am Himmelszelt und ergründet jegliche Beschaffenheit der Gattung des Seienden« (173C–174A, S. 82). Deshalb macht sich »ein solcher, sowohl im persönlichen Verkehr mit anderen wie auch vor der Öffentlichkeit«, leicht lächerlich, »nicht bloß vor Thrakerinnen, sondern auch vor der übrigen Masse«, und »seine Unbeholfenheit und Weltfremdheit« tragen ihm »den Ruf völliger Albernheit« ein (174B–C, S. 82f.). Den Weg der wahren Philosophie einzuschlagen bedeutet auch, wie Paul Ricœur betont hat, in lebenspraktischen Dingen Misserfolg in Kauf zu nehmen. Doch um Freiheit zu erringen, versucht der wahre Philosoph seine Augen immer auf den Himmel gerichtet zu halten und scheut nicht die Gefahr, wie Thales, in einem Brunnen zu landen:

> So ist es mit beiden bestellt, mein Theodoros; der eine ist wahrhaft in Freiheit und Muße aufgewachsen, er, dem du jedenfalls den Namen »Philosoph« gibst: ihm macht es nichts aus, als einfältiger und unnützer Gesell zu gelten, wenn ihn etwa das Los trifft, Sklavendienste zu verrichten, und er z. B. sich nicht darauf versteht, das Reisebündel zu schnüren oder mit süßen Speisen oder schmeichlerischen Reden aufzuwarten. Der andere aber kann alle diese Dienstleistungen behend und pünktlich verrichten, versteht sich aber nicht darauf, sein Obergewand in schönem Faltenwurf dem Körper anzupassen noch auch der Reden harmonische Fassung zu treffen und in rechter Weise der Götter und seligen Mensch wahrhaftiges Leben zu preisen (175D–176A, S. 85).

Im *Staat* hatte Platon jedoch beide Haltungen bereits analysiert und die Möglichkeit eines Engagements des Philosophen im öffentlichen Leben in Betracht gezogen. So erinnert Sokrates seinen Gesprächspartner an die Bedeutung des reinen Forschens, das sich selbst Zweck genug ist: »Und ebenso wenig [...] haben sie [die meisten] es sich ernstlich angelegen sein lassen, gediegene und edle Unterredungen anzuhören, die das Ziel haben, die Wahrheit mit aller Kraft auf jede Weise zu suchen, rein um der Erkenntnis selbst willen« (VI, 499a, S. 281). Und weiter, im Zusammenhang mit dem Thema der Ausbildung der Jugend, greift er das Thema auf und bekräftigt nochmals die Notwendigkeit, dass im Unterricht »das Lernen nicht als Zwang« erscheinen dürfe, da »kein Freier nur durch Druck wie ein Sklave zum Erlernen irgendeiner Wissenschaft vermocht werden soll« (VII, 536d–e, S. 340).

Wie Mario Vegetti bemerkt hat, gibt es im *Staat* jedoch ganz unterschiedliche Figuren von Philosophenherrschern. Und von ebenjenen Philosophen, die sich alleine, durch private Studien, ausbilden und die durch ihr ausschließliches Erkenntnisinteresse geleitet sind – im *Theätet* (155D, S. 51) findet unter anderem auch der Hesiod'sche Mythos von Iris (der Philosophie) als Tochter des Thaumas (der Verwunderung) Erwähnung –, verlangt Platon *ausnahmsweise*, dass sie *herrschen (basileuein)*: Ihnen obliegt es, als *archontes* und

Dialektiker über die Stadt der Zukunft zu herrschen.

11. Kant: Der Geschmack am Schönen ist uninteressiert

Seit Immanuel Kant sollte die Frage der Interesselosigkeit auch direkt das ästhetische Urteil betreffen. Auf den ersten Seiten der *Kritik der Urteilskraft* (1790) behauptet der deutsche Philosoph, die Wertschätzung der Vorstellung eines Gegenstandes könne von Wohlgefallen begleitet sein, »so gleichgültig ich auch immer in Ansehung der Existenz des Gegenstandes dieser Vorstellung sein mag«:

> Man sieht leicht, daß es auf dem, was ich aus dieser Vorstellung in mir selbst mache, nicht auf dem, worin ich von der Existenz des Gegenstandes abhänge, ankomme, um zu sagen, er sei *schön*, und zu beweisen, ich habe Geschmack. [...] Wir können aber diesen Satz, der von vorzüglicher Erheblichkeit ist, nicht besser erläutern, als wenn wir dem reinen uninteressierten Wohlgefallen im Geschmacksurteile dasjenige, was mit Interesse verbunden ist, entgegensetzen (§ 2, S. 281).

Für Kant ist das Interesse eng mit dem Wohlgefallen und der Existenz des Gegenstandes verknüpft. Und insofern »[a]lles Interesse [...] Bedürfnis voraus[setzt] oder [...] eines hervor[bringt]; und, als Bestimmungsgrund des Beifalls, [...] das Urteil über den Gegenstand nicht mehr frei sein« lässt, ist einzig das Wohlgefallen »des Geschmacks am Schönen [...] ein uninteressiertes und *freies* Wohlgefallen«, »denn *kein* Interesse, *weder* das der Sinne, *noch* das der Vernunft, zwingt den Beifall ab« (§ 5, S. 287). Indem er sich also genau auf diesen Begriff der Interesselosigkeit stützt, formuliert der deutsche Philosoph seine berühmte Definition des Geschmacks:

> *Geschmack* ist das Beurteilungsvermögen eines Gegenstandes oder einer Vorstellungsart durch ein Wohlgefallen, oder Mißfallen, *ohne alles Interesse*. Der Gegenstand eines solchen Wohlgefallens heißt *schön* (§ 5, S. 288).

12. Ovid: Nichts ist nützlicher als die unnützen Künste

Unter den Schriftstellern ist es Ovid, in den *Metamorphosen* ein wachsamer Geißler der »frevle[n] Begier nach Besitztum« [»amor sceleratus habendi«], der explizit die Frage des Nutzens des Unnützen angeht. In einem der *Epistulae ex Ponto* – adressiert an seinen Freund Cotta Massimo Messalino – bekennt der Dichter, dem Unnützen nachzugehen: »Wenn du es recht überlegst, was ich treibe, ist nichts doch von größerem / Nutzen als eben die Kunst, der es an Nutzen gebricht« (»Cum bene quaesieris quid agam, magis utile nil est / artibus his, quae nil utilitatis habent«; I, 5, V. 53f., S. 326f.).

Obwohl er sie bisweilen als eine Medizin für die Schmerzen des Exils ansieht (»denn ich erreiche durch sie, daß ich meine Beschwerden vergesse« [»consequor ex illis casus oblivia nostri«; I, 5, V. 55, S. 326f.]), weiß Ovid sehr wohl, dass man aus der Poesie keinerlei echten Vorteil ziehen kann: »Nie hat ein Werk mir genützt bis zum heutigen Tag, wenn du alle / durchgehst – hätte mir nur keines zum Schaden gereicht!« (»Tempus ad hoc nobis, repetas licet omnia, nullum / profuit – atque utinam non nocuisset! – opus.« I, 5, V. 27f., S. 324f.). Ganz im Gegenteil: genau in seinen Versen muss man vielleicht den Ausgangspunkt all seines Unglücks sehen.

Trotz alledem antwortet der Dichter auf die Frage nach den Gründen für sein Schreiben

(»Darum wunderst du dich, daß ich schreibe?« [»cur igitur scribam, miraris?«; I,5, V.29, S.324f.]) aber ohne Zögern, er verharre »standhaft bei nutzlosem Treiben« (»Und so verharr' ich denn standhaft bei nutzlosem Treiben« [»sic ego constanter studium non utile servo«; I,5, V. 41, S.324f.]), wie es dem Gladiator ergehe, der trotz seiner Verwundungen den Kampf nicht lassen könne, oder dem Seemann, der, obwohl gerade einem Schiffbruch entronnen, wieder aufs Meer hinaus müsse.

13. Montaigne: »Nichts ist unnütz, nicht einmal das Unnütze«

Kaum ein Buch vermag uns innerlich mehr zu erschüttern als Montaignes *Essais* (1580–88). Gleichwohl erklärt der Verfasser, er habe sie nicht zu einem bestimmten Zweck niedergeschrieben (»ich [habe] mir damit kein anderes Ziel als ein rein häusliches und privates gesetzt«), sondern um, wie seine italienische Übersetzerin Fausta Garavini geistreich nahelegt, in einem intimen Rahmen von den Ängsten und Schutzmaßnahmen »eines Subjekts, das sich als fragmentarisches und vielschichtiges erlebt«, zu erzählen: »Ich selber, Leser, bin also der Inhalt meines Buchs: Es gibt keinen vernünftigen Grund, daß du deine Muße auf einen so unbedeutenden, so nichtigen Gegenstand verwendest« (*An den Leser*, S. 5). Mithin ein *unnützes* Buch, konzipiert in einer Bibliothek, an deren Stelle sich früher einmal eine »Kleider- und Wäschekammer«, just »der unnützeste Raum meines Hauses«, befand (III, III, S. 412). Ebendort verbringt Montaigne ganz allein seine Zeit und studiert zu seinem Vergnügen, nicht um eines Profits willen (»jetzt [studierte ich], um mich zu vergnügen – nie aber, um Profit zu machen«; III, III, S. 413). Und er studiert wohl wissend, dass die Philosophie als etwas gilt, das »keinerlei Wert und Nutzen mehr hat«:

> Es ist ungeheuerlich, wie die Dinge in unserem Jahrhundert so weit verkommen sind, daß der Name *Philosophie* sogar von verständigen Menschen bloß noch als Schall und Rauch empfunden wird, ja daß sie nicht nur nach der vorherrschenden Meinung, sondern tatsächlich keinerlei Wert und Nutzen mehr hat (I, XXVI, S. 88).

Aber trotzdem streckt Montaigne die Waffen nicht. Vielmehr fordert uns der Philosoph bei verschiedenen Gelegenheiten auf, die Nutzlosigkeit jener Güter einzusehen, die gemeinhin als nützlich gelten (»Der richtige Weg wäre, den Menschen die Geringschätzung von Gold und Seide als nichtswürdiger und unnützer Dinge einzupflanzen; statt dessen aber erhöhen wir ständig deren Rang und Wert, was doch ein höchst untaugliches Mittel ist, sie den Menschen zu verleiden«; I, XLIII, S. 137).

Der Verfasser der *Essais* weiß sehr wohl, dass viele seiner »nicht verachtenswerten« Eigenschaften »in einem so weit verkommenen Jahrhundert« vollkommen nutzlos sind:

> Selbst jene meiner Eigenschaften, die keinen Tadel verdienen, fand ich für eine Karriere in den heutigen Zeiten unnütz. Meine umgängliche Art hätte man *Feigheit* und *Schwäche* genannt, meine Gutgläubigkeit *unvernünftig*, meine Gewissenhaftigkeit übertrieben, meine Offenherzigkeit und meinen Freimut *unangebracht*, *leichtfertig* und *dreist* (II, XVII, S. 321).

Fernab jeder Dünkelhaftigkeit, präsentieren sich die *Essais* als ein Zeugnis. Und die Sorge seiner Familienangehörigen, die für den jungen Michel eine Zukunft im Zeichen der Nichtsnutzigkeit befürchteten (»Nicht ein schlechter Mensch würde aus mir werden, wohl aber ein nichtsnutziger, lautete jedermanns Prognose«; I, XXVI, S. 96), war so unbegründet nicht, gab es doch frühe Anzeichen eines starken Interesses an der Ausübung der Schriftstellerei:

> Selbst gegen unfähige und nichtsnutzige Schriftsteller sollte es gesetzliche Zwangsmaßnahmen geben, wie es sie schon gegen Landstreicher und Tagediebe gibt. Damit bliebe unserm Volk auch die Lektüre meiner Bücher und die von hundert andern Autoren erspart. Ich scherze keineswegs (III, IX, S. 475f.).

Zwar braucht man Montaigne nicht immer beim Wort zu nehmen, wie André Tournon in seinem Kommentar zu den oben zitierten Stellen zu Recht bemerkt. Aber das Bewusstsein seiner *Nutzlosigkeit* (»Da ich mich in diesem Zeitalter unnütz finde, flüchte ich mich in jenes andre«; III, IX, S. 503) kann sehr gut neben seiner Überzeugung stehen, dass »in der Natur [...] nichts unnütz [ist], nicht einmal das Unnütze« (III, I, S. 391).

14. Leopardi als Flaneur: Das Nutzlose als Einspruch gegen den Utilitarismus eines »verblendeten Jahrhunderts«

In den Jahren 1831 und 1832 plant Giacomo Leopardi zusammen mit seinem teuren Freund Antonio Ranieri die Herausgabe eine Wochenschrift

(»Lo Spettatore Fiorentino«), die ausdrücklich zu nichts nutze sein möchte. Im *Vorwort* erklärt der Autor entsprechend: »Freimütig bekennen wir, daß unsere Zeitschrift keinerlei Nutzen haben wird« (S. 1032). In einem durchweg auf den Nutzen bedachten Jahrhundert sei es von gar nicht zu unterschätzender Bedeutung, auf das Nutzlose aufmerksam zu machen:

> In einem Jahrhundert, in dem sämtliche Bücher, sämtliche Fetzen bedruckten Papiers, sämtliche Visitenbillets zweckmäßig sind, will es uns nur vernünftig erscheinen, wenn endlich ein Journal herauskommt, das sich zur Nutzlosigkeit bekennt: Denn der Mensch neigt dazu, sich von den anderen abzuheben, und wo alles seinen Zweck hat, bleibt nicht aus, daß jemand das Nutzlose als Denkanstoß verspricht (S. 1032).

Überzeugt, dass »das Angenehme nützlicher sei als das Nützliche«, sieht Leopardi vor allem in den Frauen, die nicht der Logik der Produktivität unterworfen sind, die idealen Adressatinnen der Wochenschrift. Und dies nicht »aus Galanterie«, sondern »weil die Frauen mit ihrer geringeren Strenge unsere Nutzlosigkeit wahrscheinlich besser zu würdigen wissen« (S. 1032). Natürlich verweigern die florentinischen Behörden dem Vorhaben die erforderlichen Genehmigungen, sodass es stirbt, ehe es das Licht der Welt erblickt.

Wenige Jahre zuvor hatte der Dichter aus Recanati noch an der Realisierung einer *Enzyklopädie unnützen Wissens* gearbeitet, von der in einem Brief an den Verleger Stella vom 13. Juli 1827 die Rede ist, die über das Planungsstadium aber gleichfalls nie hinauskam. Im lebhaften Interesse am Nutzlosen äußert sich das Unbehagen des Literaten, in einer Gesellschaft leben zu müssen, die beherrscht ist von »Handeltreibenden und anderen auf Gewinn erpichten Leuten« (*Pensieri*, VII, S. 629). In einer solchen Gesellschaft werden Mensch und Geld gleichgesetzt:

> Als ob die Menschen, die sonst doch in allem unterschiedlicher Meinung sind, sich in nichts so einig wären als in der Wertschätzung des Geldes; oder als ob im Grunde das Geld den Menschen ausmachte, nichts sonst als das Geld. Tatsächlich gibt es tausend Anhaltspunkte dafür, daß das Menschengeschlecht dies für einen unverrückbaren Grundsatz zu halten scheint, besonders in unserer Zeit. [...] Indessen sind, im Verein mit der Betriebsamkeit, sämtliche niederen Beweggründe: Kälte, Egoismus, Geiz, Falschheit und kaufmännische Verschlagenheit, all die verkommensten und unwürdigsten Eigenschaften und Leidenschaften des zivilisierten Menschen in Saft und Kraft und vermehren sich ohne Ende, während die Tugenden auf sich warten lassen (*Pensieri*, XLIV, S. 636f.).

Mit seiner Philosophie des Unnützen will Leopardi nicht nur für das Überleben des Denkens eintreten (man muss »das Nutzlose als Denkanstoß« versprechen), sondern sich auch stark machen für die Bedeutung des Lebens, der Literatur, der Liebe, der Vorspiegelungen der Dichtung, all dessen, was als überflüssig angesehen wird. In einem Brief, den er am 24. Juli 1828 aus Florenz an Pietro Giordani sendet, schreibt er:

> Letztlich beginnt mir die hochmütige Mißachtung, die hier allem Schönen und jedweder Literatur entgegengebracht wird, gehörig auf den Magen zu schlagen: Vor allem will mir nicht in den Kopf, weshalb es die Krönung menschlichen Wissens sein soll, etwas von Politik und Staatsführung zu verstehen. Wenn ich die nahezu völlige Nutzlosigkeit der Studien, die seit Solons Zeiten zur Vervollkommnung der staatlichen Gemeinwesen und des Glückes der Völker angestellt wurden, vielmehr philosophisch bedenke, muß ich ein wenig lachen über diesen Berechnungsfuror und diese politischen und juristischen Haarspaltereien. [...] So kommt's, daß mir das Angenehme nützlicher erscheint als jeglicher Gewinn und die Literatur wahrlich und fraglos nützlicher als all diese staubtrockenen Disziplinen [Politik und Staatsführung] (S. 1370).

Aber der Dichter aus Recanati weiß, wie er später selbst in einigen Versen von *Der beherrschende Ge-*

danke schreibt, dass er in einer tugendfernen Zeit lebt, in der das obsessive Streben nach Vorteilen am Ende dazu führt, das Leben selbst nutzlos zu machen (»Und diese Zeit des Wahns, / die sich allein von leerer Hoffnung nährt / und das Gerede liebt, doch Taten haßt; / die töricht Nutzen heischt / und darob nicht erfaßt, / wie nutzlos so das Leben erst gerät: / mich acht ich höher [...] «; V. 59–65, *Gesänge*, S. 185–187). Ein Utilitarismus, verbunden mit einem irrigen Fortschrittsglauben, der in den Kolumnen der Zeitungen immer mehr verherrlicht wird, wie Leopardi selbst auch in seiner *Palinodie an den Marchese Gino Capponi* beklagen wird (» [...] Jedes Blatt, / verschieden doch an Spaltenzahl und Sprache, / verspricht's an seinem Orte jetzt der Welt / wie alle andern. *Eine* große Liebe, / vielfält'ger Handel, Eisenbahnen, Dampf, / die Cholera, der Buchdruck knüpfen bald / entferntestes Geländ und Volk zusammen«; V. 39–45, *Gesänge*, S. 225). Und aus genau diesen Gründen wird er kurz vor seinem Tod in einer entscheidenden Strophe des Gedichtes *Der Ginster* seine Zeit als »verblendetes Jahrhundert« (V. 53, *Gesänge*, S. 247) bezeichnen.

15. Théophile Gautier: »Alles Nützliche ist hässlich« wie »die Latrinen«

Ein paar Jahre nach Leopardis einzigartigem Projekt einer nutzlosen Wochenzeitschrift wird Théophile Gautier die Schlacht gegen den herrschenden Moralismus einiger »utilitaristischer Kritiker« auf die Spitze treiben. Diese Kritiker (»echte literarische Polizisten«, bereit, »im Namen der Tugend jede Idee festzunehmen und niederzuknüppeln, die mit einer schief sitzenden Nachthaube oder mit einem etwas zu weit hochgeschobenen Rock in einem Buch herumspaziert«, S. XXXIII) bieten sich, aufgehetzt und gesponsert von Zeitungen (»gleich welcher Couleur – rot, grün oder trikolor«, S. I), als »nützlich« an.

1834, im Alter von dreiundzwanzig Jahren, schickt der Autor von *Mademoiselle de Maupin* seinem Roman ein langes Vorwort voraus, das nicht nur zum Manifest des sogenannten »L'art pour l'art« werden sollte; allgemeiner ist es die wortgewandte Reaktion einer Generation, die rebelliert gegen »Leute, die sich anmaßen, Nationalökonomen zu sein, und die Gesellschaft von Grund auf umbilden wollen« (S. XXXVIIf.):

> Nein, ihr Dummköpfe, nein, ihr Idioten und Kropfkranken, ein Buch liefert keine gelierte Suppe; ein Roman ist kein nahtloses Paar Stiefel, ein Sonett keine Spritze mit Dauerstrahl und ein Drama keine Eisenbahn: alles Dinge, die wesentlich zur Zivilisation beitragen und die Menschheit auf dem Weg des Fortschritts voranbringen (S. XXXVI).

Nachdem ihn die Tageszeitung *Le Constitutionnel* angeklagt hatte, er verfasse unsittliche Artikel, antwortete Gautier auf die Anwürfe brillant, mit einer ironisch-abfälligen, metaphern- und anspielungsreichen Sprache. Ein Feuerwerk von einem Pamphlet, in dem der Autor jenseits der dem Anlass geschuldeten Polemik seine Poetik zum Ausdruck bringt, gestützt im Wesentlichen auf die Vorstellung, Kunst und Literatur hätten von jeder moralischen und utilitaristischen Beeinflussung frei zu sein:

> Man könnte sich tatsächlich schief und bucklig lachen, wenn man die republikanischen oder die saint-simonistischen Utilitaristen dozieren hört. [...] Es gibt zwei Arten von Nützlichkeit, und der Sinn dieses Wortes ist immer nur relativ. Was für den einen nützlich ist, hat für den anderen keinen Nutzen. Sie sind Schuster, ich bin Dichter. Für mich ist es nützlich, daß mein erster Vers sich auf den zweiten reimt. Ein Reimlexikon ist für mich von großem Nutzen; Sie könnten damit höchstens ein paar alte Stiefel reparie-

> ren; zu Recht muß man sagen, daß mir ein Schustermesser beim Verfertigen einer Ode nicht viel helfen würde. Daraufhin werden Sie einwenden, ein Schuster sei wichtiger als ein Dichter, und Letzteren könne man leichter entbehren. Ohne den vortrefflichen Beruf des Schusters herabsetzen zu wollen, den ich so hoch achte wie den Beruf des konstitutionellen Monarchen, gestehe ich in aller Bescheidenheit, daß es mir lieber ist, meine Schuhe sind zerrissen, als meine Verse sind schlecht gereimt, und daß ich lieber auf Schuhe verzichte als auf Gedichte (S. XXXIX–XL).

Gautier – dessen poetische Kunststücke Jean Starobinski metaphorisch auf die des Akrobaten bezogen hat – insistiert immer wieder auf der Tatsache, dass auf den Zeitungsseiten die schönen Dinge des Lebens leider nicht für unentbehrlich gehalten werden, ja dass man das Anpflanzen von Kohlköpfen dort für sinnvoller hält als das von Tulpen:

> Nichts von dem, was schön ist, ist für das Leben unentbehrlich. Würde man die Blumen abschaffen, die Welt würde in materieller Hinsicht nicht darunter leiden; wer wollte jedoch, daß es keine Blumen mehr gibt? Ich würde lieber auf Kartoffeln verzichten als auf Rosen, und ich glaube, nur ein Utilitarist wäre fähig, ein Tulpenbeet auszureißen, um dort Kohl zu pflanzen (S. XLI–XLII).

In einem solchen von übelstem Utilitarismus beherrschten Zusammenhang braucht man sich nicht zu wundern, wenn als verrückt gilt, wer Michelangelo dem »Erfinder des weißen Senfs« vorzieht (»Und wozu [dient] eigentlich Musik? Wozu die Malerei? Wer wäre so verrückt, Mozart Monsieur Carrel [einem Journalisten von *Le National*] vorzuziehen und Michelangelo dem Erfinder des weißen Senfs?«; S. XLII). Wie man sich auch nicht darüber zu wundern braucht, dass in den utilitaristischen Blättern Anzeigen für Bücher zusammen mit »Reklamen für elastische Gürtel, Rosshaarkragen, unverwüstliche Milchflaschensauger in Zitzenform, Brustsalbe von Regnault und Mittel gegen Zahnschmerzen« (S. LXX) erscheinen.

Gautier jedoch ist überzeugt davon, dass gegen diese verbreitete Trivialität eine lasche Reaktion nicht ausreicht. Deshalb treibt er, sich seinen paradoxen Stil zunutze machend, den Angriff auf den Utilitarismus in einer provokanten und radikalen Eloge aufs Unnütze vielmehr auf die Spitze:

> Wirklich schön ist nur, was keinem Zweck dient; alles Nützliche ist häßlich, denn es ist Ausdruck eines Bedürfnisses, und die Bedürfnisse des Menschen sind widerlich und abstoßend wie seine armselige und hin-

> fällige Natur. Der nützlichste Ort eines Hauses sind die Latrinen (S. XLII).

Tatsächlich wäre es interessant – und ich glaube, das wurde noch nie sorgfältig gemacht –, diese Seiten von Gautier übers Unnütze parallel zu denen von Leopardi zu analysieren. Unter den vielen Übereinstimmungen sollte auch das Auftreten des Vesuvs nicht außer Acht gelassen werden. Tatsächlich bringt in seinem Vorwort auch der französische Schriftsteller (Leopardis *Der Ginster* wurde 1836 geschrieben, aber erst 1845 postum veröffentlicht) den Vulkan und die durch seinen Ausbruch verschütteten Römerstädte als Zeugnis für den zeitgenössischen Pseudofortschritt aufs Tapet:

> Ach, Sie glauben an den Fortschritt! Wenn morgen auf dem Montmartre ein Vulkan seinen Schlund öffnete und aus Paris ein aschenes Leichentuch und ein Lavagrab machte, wie es einst der Vesuv in Stabiae, Pompeji und Herculaneum vollbrachte, und wenn dann in einigen Tausend Jahren die Archäologen jener Tage Ausgrabungen durchführten und den Leichnam der toten Stadt exhumierten: Was meinen Sie, welches Monument würde noch stehen, um vom Glanz der großen Begrabenen zu künden? (S. LI–LII).

Im Abstand von Jahrhunderten würden die Archäologen nur mehr Industrieprodukte und solche aus Serienfertigung ausgraben. Und bis auf wenige Ausnahmen wären die echten Kunstwerke Ausdruck ausschließlich früherer Jahrtausende. Genau aus diesem Grund erweisen sich gerade die überflüssigen Gegenstände, die rundum nutzlosen Dinge für Gautier, insofern sie Ausdruck des Schönen sind, als die interessantesten und angenehmsten:

> Ich gehöre – und mag es jenen Herren noch so sehr mißfallen – zu denjenigen, für die das Überflüssige das Notwendige ist, und ich liebe die Menschen und die Dinge im umgekehrten Verhältnis zu dem Nutzen, den ich von ihnen habe. Ich ziehe eine mit Drachen und Mandarinen verzierte chinesische Vase, die ich überhaupt nicht gebrauchen kann, einer Vase vor, die nur ihren Zweck erfüllt [...]. Ich würde mit Freuden auf meine Rechte als französischer Staatsbürger verzichten, wenn ich dafür ein Originalgemälde von Raffael [...] anschauen könnte. [...] Obwohl ich kein geborener Musikkenner bin, mag ich den Klang der Fiedeln und Schellentrommeln lieber als den der Glocke des Herrn Präsidenten. Ich würde meine Hose für einen Ring und mein Brot für Konfitüre verkaufen. [...] Sie sehen, daß mir Nützlichkeitsprinzipien denkbar fern liegen und daß ich niemals Redakteur bei einer tugendhaften Zeitung sein werde [...] (S. XLII–XLIV).

Bereits zwei Jahr zuvor, im Vorwort zu *Albertus*, hatte Gautier ähnliche Überlegungen angestellt.

Und hatte auf die Frage, wozu ein Reim gut sei, mit der Entgegensetzung von Schönem und Nützlichem geantwortet:

> Wozu dient das? Es dient dazu, schön zu sein. – Genügt das nicht? Wie die Blumen, die Düfte, die Vögel, wie alles, was der Mensch nicht abwenden und für seine Dienste verbiegen hat können. Sobald etwas nützlich wird, ist es mit der Schönheit im Allgemeinen aus und vorbei (S. II).

Durch seine gekonnte Handhabung der Sprache bringt der junge Schriftsteller in beiden Vorworten sein kritisches Denken poetisch zum Ausdruck. Mit dem Romancier und dem Dichter in sich wetteifernd, koloriert er besonders im Vorwort zu *Mademoiselle de Maupin* Verben und Adjektive, modelliert Metaphern und Neologismen, spricht über Kunst im Zugriff vor allem auf eine geglückte schöpferische Prosa. Doch wäre es ein Irrtum, sein Manifest nur auf eine Verherrlichung der sich selbst genügenden Schönheit zu reduzieren. In seiner wutschnaubenden Reaktion auf die Verherrlichung des »Nutzens um des Nutzens willen«, auf den Moralismus und eine Literatur, die sich zur Prostituierten des Handels macht, wird stets eine hehre Vorstellung der wahren Kunst als etwas der Trivialität der Gegenwart Widerstehendes sichtbar. Im Schlusssatz des Vorworts zu *Albertus* hatte er bekannt: »Die Kunst ist das, was uns am besten über das Leben hinwegtröstet« (S. V).

16. Baudelaire: Ein nützlicher Mensch ist abstoßend

In den Fragmenten *Mein entblößtes Herz* notiert Baudelaire (der seine *Blumen des Bösen* Théophile Gautier widmet, »dem Magus des französischen Dichtkunst«) einen Gedanken, in dem seine Ablehnung des Utilitarismus noch deutlicher durchscheint: »Ein nützlicher Mensch zu sein ist mir immer als etwas sehr Häßliches erschienen« (*6. Blatt*, S. 46). Entsprechende Reflexionen finden sich auch in den Skizzen der *Raketen*, die zusammen mit *Mein entblößtes Herz* als ein Werk hätten angelegt sein sollen, das sich zu einer erbarmungslosen Reise ins Unbehagen am Leben öffnete.

Als offensichtliches Zeichen der zeitgenössischen »Erniedrigung des menschlichen Herzens« gilt dem Dichter, wenn er sieht, wie die jungen Leute zum einzigen Zweck, Geld zu machen, sich auf den Handel stürzen:

> Dann wird der Sohn seiner Familie nicht erst mit achtzehn, sondern schon mit zwölf Jahren entfliehen; frühreife Gier wird ihn hinaustreiben, nicht um heldische Abenteuer zu bestehen, nicht um eine gefangene Schöne aus ihrem Turmverlies zu befreien, nicht um eine armselige Dachkammer durch erhabene Gedanken unsterblich zu machen, vielmehr um ein Geschäft zu gründen, um sich zu bereichern und seinem schändlichen Vater Konkurrenz zu machen [...] (*15. Blatt*, S. 30).

Während alles »außer dem Gelde« der Kritik und Verurteilung unterzogen wird, wird alles, »was der Tugend ähnlich sieht«, »einer grenzenlosen Lächerlichkeit anheimfallen«. Selbst die Justiz »wird diejenigen Bürger, die sich nicht auf den Vermögenserwerb verstehen, ihres Amtes entheben«. Korruption wird die Familien so sehr durchdringen, dass Frauen und Töchter zu schändlicher Handelsware verkommen:

> Deine Gattin, o Bürger! Deine keusche Ehehälfte, der gesetzlich verbunden zu sein dein Herz mit dichterischer Wonne erfüllt, wird künftig in diesen gesetzlichen Bund eine Verworfenheit einführen, die über jeden Vorwurf erhaben ist; als wachsame und verliebte Hüterin deines Geldschranks ist sie nur noch das vollkommene Ideal der ausgehaltenen Frau. Deine Tochter wird mit kindlicher Frühreife schon in der Wiege davon träumen, daß sie sich für eine Million verkauft.

> Und du selbst, o Bürger! – noch weniger poetisch gestimmt, als du es heute schon bist –, wirst nichts dagegen einzuwenden finden; und du wirst nichts bedauern (*15. Blatt*, S. 30f.).

In den letzten Aufzeichnungen von *Mein entblößtes Herz* bringt Baudelaire all seine Verachtung für den Handel und die trivialsten Formen des Egoismus zum Ausdruck:

> Der Handel ist, seinem Wesen nach, *satanisch*.
> – Der Handel ist ein Geben und Nehmen, ein Darlehen unter der stillschweigenden Voraussetzung: *Gib mir mehr zurück, als ich dir gebe.*
> – Der Geist jedes Händlers ist völlig verlastert.
> – Der Handel ist *natürlich, also* ist er *verabscheuungswürdig.*
> – Den geringsten Abscheu unter allen Händlern erregt noch derjenige, der sagt: Laßt uns tugendhaft sein, um sehr viel mehr Geld zu verdienen als die lasterhaften Dummköpfe.
> – Für den Händler ist selbst die Ehrbarkeit noch eine Spekulation auf Gewinn.
> – Der Handel ist satanisch, weil er eine Form des Egoismus ist, und zwar die niedrigste und gemeinste.
> (*41. Blatt*, S. 72f.).

In der Welt des Utilitarismus und des Profits können Dichtung und Intimität nur schwerlich Platz finden: »dank dem Fortschritt jener Zeiten werden die Organe deines Innern nur noch ihre rein körperlichen Funktionen erfüllen!« (*15. Blatt*, S. 31).

17. John Locke gegen die Poesie

Im Gegensatz dazu hatte John Locke seinen Angriff auf die Dichtung just auf deren Nutzlosigkeit gegründet. In seinen *Gedanken über die Erziehung* (1693) richtet sich die Kritik nicht nur an diejenigen, die um jeden Preis lustlosen Schülern das Studium der Verse aufzwingen, um bescheidene Reimerlinge aus ihnen zu machen (»Denn wenn der Zögling keine Anlage für die Poesie hat, so ist es das Unvernünftigste von der Welt, ein Kind mit etwas zu quälen und seine Zeit auf etwas zu verschwenden, was doch nicht gelingen kann«; § 174, S. 161), sondern zielt vor allem auf jene Eltern, die ihren Kindern erlauben, ihr dichterisches Talent zu pflegen (»Hat der Knabe aber eine poetische Ader, so ist es für mich das Seltsamste in der Welt, daß ein Vater wünschte oder duldete, daß sie gepflegt und gefördert würde«; § 174, S. 161). Denn das Leben unter den Musen auf dem Berg Parnass besteht aus Mühen und begünstigt mitnichten die Vermehrung der persönlichen Besitztümer:

> Mich dünkt, die Eltern sollten sich bemühen, sie [die poetische Ader] so viel wie möglich zu ersticken und zu unterdrücken. Ich weiß nicht, welchen Grund ein Vater haben kann, zu wünschen, daß sein Sohn ein Dichter wird, wenn er nicht etwa wünscht, daß er auf alle anderen Berufsarten und Geschäfte verächtlich herabschaut, was übrigens noch nicht einmal das Schlimmste bei der Sache ist. Denn wenn er sich als ein erfolgreicher Verseschmied erweist und einmal den Ruf eines schöngeistigen Talentes erwirbt, so erwäge man bitte, in welcher Gesellschaft und an welchen Orten er wahrscheinlich seine Zeit verbringen wird und wahrscheinlich sein Vermögen obendrein. Denn man erlebt sehr selten, daß irgendeiner am Parnaß Gold- oder Silberadern entdeckt. Es umfächelt einen zwar eine einschmeichelnde Luft, aber der Boden ist unfruchtbar. Es gibt sehr wenige Beispiele solcher Leute, die ihr väterliches Erbteil durch irgendetwas vermehrt haben, das sie dort ernteten.

Tatsächlich war Lockes Hauptzweck der, einen *Gentleman* heranzubilden, weshalb er jenes technische und wissenschaftliche Wissen privilegierte, das sich auf Pragmatismus und Nützlichkeit stützte. Seine heftige Aversion bliebe jedoch unverständlich, wenn man nicht dem Fanatismus einer rhetorischen Pädagogik Rechnung trüge, die im damaligen England die Wörter für wichtiger hielt als die Dinge. Aber welchen Effekt könnten die so starken Sätze gegen die Dichtung (die Schimpftirade gegen die Musik erspare ich meinen Lesern lieber) heute auf viele Politiker und auf jene Manager unter den Pädagogen haben, die sich in den jüngsten Bildungsreformen hervortaten? Diese Frage lässt sich nur schwer mit Bestimmtheit beantworten. Meine Erfahrung als Lehrer an einer humanistischen Fakultät – wo Eltern, die der herrschenden unseligen Ideologie des Nützlichen zum Opfer gefallen sind, seit Jahrzehnten die gleiche Frage stellen: »Aber was wird mein Kind mit einem geisteswissenschaftlichen Studienabschluss in der Tasche anfangen?« – führt mich zu der Vermutung, dass Lockes harsche Argumentation vielleicht nicht den geringsten Anstoß erregen würde.

18. Boccaccio: »Brot« und Poesie

Mit den Musen Umgang zu pflegen – Giovanni Boccaccio identifiziert sie als Frauen aus Fleisch und Blut – verhilft zum besseren Leben. Im *Dekameron* hadert der Schriftsteller deshalb mit seinen Widersachern, die auf die Suche nach »Schätzen« versessen sind und ihn mahnen, eher ans »Brot« als an die »Fabeln der Dichter« zu denken:

Was werden wir aber denen sagen, die so viel Mitleid mit meinem Hunger haben, dass sie mir den Rat geben, ich solle mich um Brot kümmern? Das wüsste ich sicherlich nicht, wenn ich mir nicht vorstellen könnte, wie ihre Antwort lauten würde, wenn ich sie wegen meiner Notdurft anginge, nämlich: Such sie in deinen Fabeln. Und wirklich haben die Dichter oft mehr in ihren Fabeln gefunden als viele Reiche in ihren Schätzen, und genug Männer, die ihren Fabeln nachhingen, haben ihr Alter mit Blüten umgeben, Während viele bei dem Trachten nach mehr Brot, als sie gebraucht hätten, elendiglich zugrunde gegangen sind.

Unabhängig vom Quantum »Brot«, das die Fabeln der Dichter verschaffen können, brauchen wir sie, damit wir verstehen, welches die für uns wirklich nötigen, wesentlichen Dinge sind. Vor allem lehren sie uns, dass wir uns vor der Obsession des Gewinns und des Vorteils in Acht nehmen müssen, Hauptursache oft, wie bei den Schatzjägern, eines frühzeitigen Todes.

19. García Lorca: Ohne die Tollheit der Poesie zu leben ist unklug

Indirekt haben im Lauf der Jahrhunderte unzählige Dichter und Schriftsteller eine Antwort auf

Locke und die Verächter der Poesie gegeben. Aber ganz besonders spricht uns Federico García Lorca aus dem Herzen, wenn er mit folgenden Worten einige Verse Pablo Nerudas präsentiert:

> Ich empfehle euch, dass ihr euch diesen großen Dichter aufmerksam anhört und versucht, euch von ihm berühren zu lassen: jeder auf seine eigene Art. Wie jeder beliebige Sport erfordert auch Dichtung eine lange Heranführung, aber in der wahren Dichtung gibt es einen Duft, einen Akzent, ein Leuchten, das alle Lebewesen spüren können. Möge Gott, dass es euch dazu diene, das Fünkchen Tollheit zu entfachen, das wir alle in uns tragen und ohne das zu leben unklug ist, auch wenn viele es ersticken, um sich das verhasste Monokel pedantischer Buchgelehrsamkeit aufzusetzen!

Dieses leidenschaftliche Zeugnis, in dem ein großer Dichter über einen anderen großen Dichter spricht, war vor allem für die Studenten bestimmt, die 1934 in einem Hörsaal der Universität Madrid versammelt waren. Den jungen Lesern legte García Lorca wärmstens ans Herz, mit der Literatur »das Fünkchen Tollheit zu entfachen, das wir alle in uns tragen« und ohne das zu leben wahrlich »unklug« ist.

20. Der Wahn des Don Quijote, Held des Unnützen und des Zweckfreien

Und ausgerechnet dem Wahnsinn verdanken sich die Abenteuer einer Figur, die unverkennbare Spuren in der Geschichte der Weltliteratur hinterlassen hat. In dem legendären Don Quijote könnte man den Helden der Nutzlosigkeit par excellence sehen. Geprägt durch Ritterromane, beschließt er, die korrupte Wirklichkeit seiner Gegenwart, in der »das Laster über die Tugend« triumphiert (II, I, S. 23), zurechtzufrisieren:

> Doch ist es unser lasterhafte Zeit nicht wert, solch Gnade zu genießen wie die Zeiten, da sich fahrende Ritter die Bürde auf die Schultern luden, Königreiche zu verteidigen, Jungfrauen zu beschirmen, Waisen und Mündeln beizustehen, Hochmütige zu strafen und Demütige zu belohnen (II, I, S. 22).

Entgegen der Meinung seiner Zeitgenossen, die davon überzeugt sind, »all die Ritterbücher seien Lug und Trug, schädlich und nutzlos für die Allgemeinheit« (I, XLIX, S. 555), und die sie deshalb am liebsten ins Feuer würfen, zögert der tapfere Hidalgo nicht, den beschwerlichen Weg des Ritters einzuschlagen, denn er ist sich gewiss, »daß die Welt nichts nötiger brauche als die fahrenden

Ritter und daß in ihm [Don Quijote] das fahrende Rittertum auferstehen werde« (I, VII, S. 73). Ungeachtet seiner beschränkten körperlichen Möglichkeiten (»von zähem Leib, hagerem Wuchs, hohlen Wangen«; I, I, S. 29), seiner beschränkten Bewaffnung und seiner Rüstung aus Pappmaché (»Als Erstes machte er sich daran, das Rüstzeug zu putzen, das seinen Urgroßvätern gehört hatte und rostig und stumpf seit grauen Zeiten vergessen in einem Winkel lag«; I, I, S. 32) sowie der Ausgezehrtheit seines Gauls (»der mehr Aussatz als Einsatz zeigte und mehr Gebrechen als das Pferd des Hofnarren Gonella, das *tantum pellis et ossa fuit*«; I, I, S. 32), wagt sich unser Held voran auf »Wegen ohne Weg und Steg« (II, XXVIII, S. 251).

All seine Abenteuer sind durch Uneigennützigkeit gekennzeichnet, getragen lediglich von dem Bedürfnis, mit Leidenschaften seinen Idealen zu dienen. Und in den Gesprächen mit Sancho Panza und seinen gelegentlichen anderen Gesprächspartnern, in denen sehr oft die Vorbehalte einer Gesellschaft zum Vorschein kommen, die sich keine Handlungen ohne utilitaristische Zweckmäßigkeit vorstellen kann, bekennt Don Quijote, dass er »den Besitz verachte« (II, XXXII, S. 279) und nur die Ehre achte. Wie anders, wenn nicht selbstlos, wäre Liebe vorstellbar? Denn die fahrenden Ritter müssen die geliebte Dame beschützen, ohne dass sie »anderes im Sinn hätten, als ihr um ihrer selbst willen zu dienen und ohne einen anderen Lohn für ihre vielen guten Absichten zu erwarten, als daß es ihr gefallen mag, sie als ihr hörige Ritter anzunehmen« (I, XXXI, S. 342f.).

Cervantes macht aus dem Widerspruch also eines der großen Themen seines Romans: Wenn die Verwünschung der Ritterromane wie eine Aufforderung zur Desillusionierung klingt, finden wir im *Don Quijote* genauso gut die Feier der Illusion, die durch die Leidenschaft für die Ideale dem Leben einen Sinn zu geben vermag. Nicht zufällig drückt unser Held, wie der große Cervantes-Forscher Francisco Rico richtig unterstreicht, eine außerordentliche Liebe fürs Erzählen aus und zeigt ein lebhaftes Interesse am Leben der anderen. Die Nutzlosigkeit und Zweckfreiheit der Abenteuer des Ritters von der traurigen Gestalt können jedenfalls ein Zeichen setzen: Sie zeigen die Notwendigkeit, auch Unternehmungen, die zum Scheitern verurteilt sind, couragiert anzugehen. Es gibt glorreiche Niederlagen, aus denen mit der Zeit Großartiges hervorgehen kann (»denn die Wahrheit fällt nicht und stirbt nicht, sie geht nicht wie die Lüge auf gefährlichen Stelzen, sondern schwimmt wie Öl immer obenauf« (II, X, S. 84).

Wer hätte je gedacht, dass die herausfordernde, von dem Fotografen Jeff Widener verewigte Geste des wehrlosen jungen Chinesen, der sich 1989 in Peking auf dem Platz des Himmlischen Friedens den Panzern entgegenstellte, um die Welt gehen und von der Zeitschrift *Time* fast zehn Jahre später als eine der *Großtaten* hervorgehoben werden würde, die das 20. Jahrhundert am stärksten beeinflusst haben?

21. Die Tatsachen von Coketown: Dickens' Kritik am Utilitarismus

Keiner hat den Krieg, der im Namen von Tatsachen und Nützlichkeitsprinzip der Fantasie erklärt wird, besser geschildert als Charles Dickens. In der denkwürdigen Stadt Coketown, die in *Harte Zeiten* ganz wundervoll beschrieben wird, ist alles der Philosophie des Nutzens untergeordnet. Der fette Bankier Bounderby und der Lehrer Gradgrind führen voller Überzeugung einen täglichen harten Kampf gegen alles, was die Sachlichkeit und die Produktion behindern könnte.

»Wir brauchen in diesem Leben nichts als Tatsachen, Sir, nichts als Tatsachen!« (I, 1, S. 8). Gradgrind, stets »mit einem Zollstock und einer Waage und dem Einmaleins in der Tasche«, »gewillt, jeden Teil der menschlichen Natur zu wägen und zu messen und Ihnen genau zu sagen, wie viel er ausmacht« (I, 2, S. 8), wird als Gegner eines für die Fantasie, für Empfindungen und Gefühle offenen Unterrichts präsentiert. Für ihn reduzieren sich Erziehung und Leben auf »eine bloße Frage von Zahlen, eine Sache einfacher Arithmetik«. So betrachtet er auch seine jungen Schüler als »kleine[] Kruken«, »die so vollständig mit Tatsachen gefüllt werden sollten« (I, 2, S. 8).

Eine Schule im perfekten Einklang mit Coketown selbst, einer Fabrikstadt, die »von Menschen bewohnt [war], die sich ebenso sehr glichen, die zu denselben Stunden mit demselben Geräusch auf demselben Pflaster zu derselben Arbeit kamen und gingen und denen jeder Tag wie der gestrige und der morgige und jedes Jahr das Pendant zum vergangenen und zum nächsten war (I, 5, S. 29). Nichts Materielles oder Geistiges, was nicht als »Tatsache« anerkannt war, sollte in dieser Stadt ein Existenzrecht haben:

Tatsachen, Tatsachen, Tatsachen überall im wesentlichen Äußern der Stadt, und Tatsachen, Tatsachen, Tatsachen überall im unwesentlichen. Die M'Choakumchild-Schule war ganz Tatsache, und die Zeichenschule war ganz Tatsache, und die Beziehungen zwischen Herr und Arbeiter waren ganz Tatsache, und alles zwischen Entbindungsheim und Friedhof war Tatsache, und was man nicht in Zahlen ausdrücken oder zum billigsten Preis käuflich und zum teuersten verkäuflich darbieten konnte, war nicht und würde nie sein bis in alle Ewigkeit, amen (I, 5, S. 30).

22. Heidegger: Das Nutzlose ist schwer zu verstehen

Mehrfach ist Martin Heidegger auf das Thema des Nützlichen und Unnützen eingegangen, vor allem im Rahmen einer Reflexion über das Wesen des Kunstwerks. Erwähnt sei von ihm hier nur eine der scharfsinnigen Betrachtungen, mit der er einige Stellen aus *Sein und Zeit* erläuterte. Der Philosoph entwickelte sie im Gespräch mit Medard Boss (einem deutsch-schweizerischen Psychiater, der ihn eingeladen hatte, in seinem Haus in Zollikon nahe Zürich vor einem Publikum junger Psychotherapeuten eine Reihe von Seminaren zur Phänomenologie abzuhalten): Anlässlich gemeinsamer Ferien in Taormina vom 24. April bis 4. Mai 1963 befragte Boss Heidegger zum Wesen des Menschen und zu dessen Beziehung zu den anderen.

An einer Stelle des Gesprächs über das Dasein »als In-der-Welt-sein, als das Besorgen von Dingen und das Sorgen für Mitseiende, als das Mitsein mit den begegnenden Menschen« geht Heidegger näher auf die Nützlichkeit des Nutzlosen ein:

> Das Nützlichste ist das Nutzlose. Aber das Nutzlose zu erfahren, das ist das Schwerste für den heutigen Menschen. Dabei ist das »Nützliche« verstanden als das praktisch Verwendbare, unmittelbar für technische Zwecke, dafür, was irgendeinen Effekt bewirkt, mit dem ich wirtschaften und produzieren kann. Man muß das Nützliche im Sinne des *Heilsamen* sehen, d. h. als das, was den Menschen zu ihm selbst bringt.

Im Griechischen ist θεωρία die *reine Ruhe*, die höchste ἐνέργεια, die höchste Weise des Sich-ins-Werk-Setzens, abgesehen von allen praktischen Machenschaften: das Anwesenlassen des Anwesens selbst.

Beim Versuch, den Begriff des Nützlichen von einer ausschließlich technischen und wirtschaftlichen Zweckbestimmung zu befreien, bringt der deutsche Philosoph klar die unter seinen Zeitgenossen verbreitete Schwierigkeit zum Ausdruck, die Bedeutung des Nutzlosen einzusehen. Für den »heutigen Menschen« wird es in der Tat immer schwieriger, Interesse für etwas aufzubringen, das keinen unmittelbaren praktischen Nutzen für »technische Zwecke« beinhaltet.

23. Nutzlosigkeit und das Wesentliche im Leben: Zhuang-zi und Kakuzo Okakuro

Dabei handelt es sich um eine uralte Frage, die bereits dem Weisen Zhuan-zi am Herzen lag, der im 4. Jahrhundert v. Chr. lebte. In seinem Hauptwerk, in dem von der Natur, den unaufhörlichen Verwandlungen und der richtigen Lebensführung die Rede ist, geht der chinesische Philosoph mehrmals auf das Thema der Nutzlosigkeit ein. Wo er zum Beispiel vom hundertjährigen Leben eines Baumes spricht (»Dieser Baum ist tatsächlich zu nichts zu gebrauchen! Deshalb konnte er zu solcher Größe heranwachsen. Fürwahr! Auch der göttliche Mensch ist nichts anderes als unbrauchbares Holz!«), legt er dar, dass »der Wert oftmals Ursache von Unglück ist« (IV, 18, S. 46). Und im Weiteren werden in einem kurzen Wortwechsel mit dem Sophisten Hui-zi die Grenzen einer Menschheit aufgezeigt, die vermeintlich genau weiß, was nützlich ist, dabei aber die Wichtigkeit des Unnützen verkennt:

> Hui-zi sprach zu Zhuang-zi: »Eure Worte sind nutzlos.« Da antwortete Zhuang-zi: »Erst wenn man das Nutzlose kennt, kann man erkennen, was nützlich ist« (XXVI, S. 252).

In der Entdeckung des Nutzlosen macht der Japaner Kakuzo Okakura die entscheidende Schwelle im Übergang der menschlichen Gattung vom Tier zum Menschen aus. In einem leidenschaftlichen Kapitel seines *Buches vom Tee* (1906), das er den Blumen gewidmet hat, äußert er tatsächlich die Vermutung, aus der Liebe zu den Blumen müsse zugleich die Liebesdichtung hervorgegangen sein:

> Der Mensch der Urzeit, der seinem Mädchen das erste Blumengebinde brachte, unterschied sich damit vom Tier. Er wurde Mensch, weil er mehr als nur die eigentlichen Lebensnotwendigkeiten von der Natur forderte. Er trat ins Reich der Kunst ein, als er den feinen Nutzen des Nutzlosen erkannte.

Demnach wussten sich die Menschen eine schlichte Geste zunutze zu machen, um menschlicher zu werden.

24. Eugène Ionesco: Das Nützliche ist eine unnütze Last

Einer orientierungslosen Gesellschaft, welcher der Sinn des Lebens abhandengekommen ist, widmet im Gegenteil Eugène Ionesco außerordentliche Reflexionen, die heute aktueller sind denn je. In einem Vortrag, den er im Februar 1961 vor anderen Schriftstellern hielt, bekräftigt der große Stückeschreiber, in welchem Maß die Nutzlosigkeit für uns unentbehrlich ist:

> Schauen Sie sich die Leute an, die geschäftig auf den Straßen herumlaufen. Sie sehen weder nach rechts noch nach links. Sie machen ein beschäftigtes Gesicht. Wie bei den Hunden klebt ihr Blick am Boden. Sie rennen geradeaus, ohne jemals geradeaus zu sehen. Sie bringen mechanisch die im Voraus bekannte Strecke hinter sich. In allen Großstädten der Welt ist es das Gleiche. Der moderne Mensch ist allgemein der gehetzte Mensch. Er hat keine Zeit. Er ist ein Gefangener der Notwendigkeit. Es ist ihm unbegreiflich, dass etwas nutzlos sein kann. So begreift er auch nicht, dass es im Grunde das Nützliche ist, das nutzlos drückend auf ihm lasten kann. Wer die Nützlichkeit des Nutzlosen und die Nutzlosigkeit des Nützlichen nicht begreift, begreift die Kunst nicht. Ein Land, in dem man die Kunst nicht begreift, ist ein Land von Sklaven und Robotern. Ein Land von Unglücklichen,

von Menschen, die weder lachen noch lächeln. Ein Land ohne Geist. Wo es keinen Humor, wo es kein Lachen gibt, gibt es Wut und Hass.

Der moderne Mensch, der keine Zeit mehr hat, sich mit dem Unnützen abzugeben, ist dazu verdammt, eine seelenlose Maschine zu werden. Ein Gefangener der Notwendigkeit, außerstande zu verstehen, dass das Nützliche »nutzlos drückend auf ihm lasten kann« und dass, »wer die Nützlichkeit des Nutzlosen und die Nutzlosigkeit des Nützlichen nicht begreift, [...] die Kunst nicht [begreift]«. Deshalb wird der Mensch, der die Kunst nicht begreift, ein Sklave oder ein Roboter, ein leidendes Wesen, das sich nicht freuen und nicht lachen kann. Zugleich kann er leicht einem »fieberhaften Fanatismus« (man denke, in den letzten Jahrzehnten, an die religiösen Fanatismen) oder »irgendeiner Kollektivwut« zum Opfer fallen:

Die beschäftigten, angstvollen Menschen, die einem Ziel nachlaufen, das kein menschliches Ziel ist oder nur in ihrer Einbildung besteht, können plötzlich zu den Tönen von ich weiß nicht welchen Trompeten, beim Ruf irgendeines Verrückten oder Dämons von einem fieberhaften Fanatismus, von irgendeiner Kollektivwut oder Volkshysterie befallen werden. Die verschiedenen von der Rhinozeritis Befallenen, zur Rechten und Linken, stellen eine Bedrohung dar, die auf einer Menschheit lastet, die keine Zeit zum Überlegen und damit keine Zeit hat, wieder zu sich oder zu Geist zu kommen.

25. Italo Calvino: Das Zweckfreie erweist sich als essentiell

Einen der vordersten Plätze unter den Verteidigern zweckfreien Wissens nimmt als scharfsinniger Interpret der Beziehungen zwischen Literatur und Naturwissenschaft Italo Calvino ein. Wie der italienische Romancier und Essayist bemerkt, gibt es für die Menschheit nichts Essentielleres als »Tätigkeiten, die scheinbar ganz zwecklos« und unwesentlich sind:

> Oft erweist sich der Eifer, den die Menschen in Tätigkeiten legen, die scheinbar ganz zwecklos sind und kein anderes Ziel verfolgen als das Vergnügen oder die Befriedigung am Lösen eines schwierigen Problems, als essentiell und folgenreich auf einem völlig unerwarteten Gebiet. Dies gilt für die Dichtung und die Kunst ebenso wie für die Wissenschaft und die Technik.

Und entgegen jeglicher utilitaristischen Perspektive erinnert uns Calvino daran, dass man auch die Klassiker nicht liest, weil sie zu irgendetwas nützen, sondern man liest sie aus reiner Freude am Lesen, aus Lust, mit ihnen auf Reisen zu gehen, bewegt nur von dem Wunsch, etwas zu erkennen und uns selbst zu erkennen.

26. Émile Cioran und die Flöte des Sokrates

Émile Cioran – der später in seiner *Lehre vom Zerfall* dem »faden Nützlichkeitswahn« einen kurzen Abschnitt widmet – erzählt uns in diesem Zusammenhang in *Gevierteilt*, dass Sokrates, während man ihm den Schierlingsbecher bereitete, Flöte übte, um eine Melodie zu erlernen. Und der Philosoph auf die Frage »Was hast du davon?« ungerührt antwortet: »Dass ich diese Melodie kann, bevor ich sterbe.« In seinem Kommentar zu diesem Aphorismus versucht der rumänische Schriftsteller zu erklären, worin die Essenz des Erkennens liegt:

> Wenn ich an diese von den Lehrbüchern trivialisierte Antwort zu erinnern wage, so deshalb, weil sie mir als die einzig ernsthafte Rechtfertigung jedes Erkenntniswillens erscheint – einerlei, ob er sich nun an der Schwelle des Todes oder in irgendeinem anderen Augenblick einstellt.

Für Cioran ist das Nutzlose Voraussetzung für jede Form von Erhebung: »Eine überflüssige Ausnahme, ein Vorbild, aus dem sich niemand etwas macht – das ist der Rang, nach dem man streben muss, wenn man in seinen eigenen Augen steigen will.«

Aber trotz des Bewusstseins, dass keine literarische oder künstlerische Schöpfung an einen Zweck gebunden ist, gibt es im Winter der Erkenntnis, den wir durchleben, keinen Zweifel daran, dass den Humanwissenschaften und der vom Utilitarismus unbelasteten naturwissenschaftlichen Forschung, mithin allem für überflüssig erachteten Luxus immer mehr die Aufgabe zukommt, die Hoffnung nicht aufzugeben und die vermeintliche Nutzlosigkeit in ein überaus nützliches Instrument der Opposition zur Barbarei der Gegenwart zu verwandeln, in einen großen Speicher, in dem das Gedächtnis und die sonst zu Unrecht dem Vergessen anheimfallenden Ereignisse aufbewahrt werden können.

Zweiter Teil

Die Universität als Unternehmen und die Studenten als Kunden

Ich habe keine besondere Begabung, sondern bin nur leidenschaftlich neugierig.
Albert Einstein, *Brief an Carl Seelig*

1. Das fehlende Engagement des Staates

Bevor ich mich der Lektüre einiger Seiten der großen Klassiker der Literatur zuwende, möchte ich kurz auf die katastrophalen Auswirkungen eingehen, die die Logik des Profits in der Welt der Lehre gezeitigt hat. In ihrem schönen Buch *Nicht für den Profit!* hat uns Martha Nussbaum unlängst ein beredtes Bild des fortschreitenden Abbaus gezeichnet. Von einigen wenigen Ausnahmen wie etwa Deutschland abgesehen, haben in den vergangenen zehn Jahren in den meisten europäischen Ländern – und vor allem in Italien – Reformen und ständige Mittelkürzungen der Schule und der Universität übel mitgespielt. Häppchenweise, aber nicht minder beunruhigend, hat der Staat einen Prozess des wirtschaftlichen Rückzugs aus der Welt der Bildung und der Grundlagenforschung eingeläutet. Einen Prozess, der parallel auch die *Verschulung* der Universität mit sich gebracht hat. Dabei handelt es sich um eine kopernikanische Revolution, die in den nächsten Jahren die Rolle der Lehrenden und die Qualität der Lehre grundlegend verändern wird.

Nahezu alle europäischen Länder scheinen sich in dem (illusorischen) Versuch, das Problem der Langzeitstudenten zu lösen, auf eine Senkung des Schwierigkeitsgrads einzustellen, damit die Schüler und Studenten die Prüfungshürden leichter nehmen. Um die Studenten in der gesetzlich vorgesehenen Regelstudienzeit zum Abschluss zu führen und ihnen das Lernen *angenehmer* zu machen, verlangt man ihnen keine zusätzlichen Opfer ab, sondern versucht sie durch die perverse fortschreitende Ausdünnung der Lehrpläne und das Umfunktionieren des Unterrichts in ein oberflächliches interaktives Spiel, basierend auch auf Diashows und der Ausgabe von Multiple-Choice-Fragebögen, anzulocken.

Doch es geht noch weiter. In Italien, wo das Problem der Langzeitstudenten besorgniserregende Ausmaße annimmt, werden Universitäten, die es schaffen, einen Studenten in der im Gesetz vorgesehenen Regelstudienzeit zum Studienabschluss zu führen, mit Ad-hoc-Zuwendungen prämiert. Die Hochschulen, die ministerielle Bescheide hingegen ignorieren, werden sanktioniert. Wenn sich im Jahr 2012 also tausend Studenten immatrikulieren, müssen nach Ablauf von drei Studienjahren tausend Absolventen abgehen. Die Zielsetzung wäre edel und legitim, wenn den Gesetzgebern außer der Quantität auch noch die Qualität am Herzen läge. Da man es sich jedoch verbietet zu bewerten, mit welchen realen Kompetenzen die Studienabgänger am Ende ihres Studiums dastehen, verkommt der ablaufende Mechanismus leider immer mehr zu einem bloßen Winkelzug, der die aufgrund der Mittelknappheit immer skrupelloser nach Subventionen suchenden Universitäten dazu treibt, das Unmögliche möglich zu machen, um Absolventen zu produzieren.

2. *Studenten als Kunden*

Wie in einem Vortrag über den Niedergang der universitären Welt Simon Leys betont hat, werden die Studenten an einigen Hochschulen Kanadas inzwischen als *Kunden* betrachtet. Zum selben Resultat gelangt man, wenn man sorgfältig analysiert, wie eine der weltweit bedeutendsten Privatuniversitäten funktioniert. In Harvard, wie Emmanuel Jaffelin in *Le Monde* vom 28. Mai 2012 berichtet, beruhen die Beziehungen zwischen

Professoren und Studenden offenbar im Wesentlichen auf einer Art von *Klientelismus.* »Da er für seine Einschreibung in Harvard teures Geld bezahlt, erwartet der Student von seinem Professor nicht nur, dass er gelehrt, kompetent und hilfreich ist – er erwartet auch, dass er gefügig ist, denn schließlich ist der Kunde König.« Mit anderen Worten: Durch die Schulden, die die Studienanwärter in den USA aufnehmen, um ihr Studium zu finanzieren – eine Summe von nahezu tausend Milliarden Dollar –, sehen sie sich gezwungen, »mehr nach Einkünften als nach Erkenntnissen zu suchen«.

Das Geld, das die Immatrikulierten an die Universitätskassen überweisen, stellt in den von Rektoren und Verwaltungsräten vorgesehenen Etats tatsächlich einen der bedeutendsten Posten dar. Und dieser Umstand erhält auch in den staatlichen Hochschulen immer größeres Gewicht, wo man Studenten mit allen Mitteln anzuwerben versucht, ja sogar, wie für Autos oder Lebensmittel, regelrecht Werbekampagnen lanciert. Leider verkaufen Universitäten ihre Diplome und Studienabschlüsse. Und beim Verkauf heben sie vor allem auf den Professionalisierungsaspekt ab, das heißt, sie bieten den jungen Leuten Kurse und Spezialisierungen an, die ihnen vor allem sofortige Beschäftigung und verlockende Einkommen verheißen.

3. Universitäten als Unternehmen und bürokratische Professoren

Hochschulen und Universitäten wurden also in Unternehmen transformiert. Dagegen wäre nichts einzuwenden, wenn sich die Unternehmenslogik damit begnügen würde, Geldverschwendung zu unterbinden und den leichtsinnigen Umgang mit öffentlichen Mitteln anzuprangern. Der neuen Auffassung zufolge scheint die ideale Aufgabe von Präsidenten und Rektoren jedoch vor allem darin zu bestehen, Diplomierte und Akademiker für die Welt des Marktes zu produzieren. Statt in ihr übliches Dozentengewand in das des Managers gesteckt, müssen sie dafür sorgen, dass die Bilanzen stimmen und die Unternehmen, denen sie vorstehen, wettbewerbstüchtig sind.

Auch die Professoren verwandeln sich immer mehr in bescheidene Bürokraten im Dienst der wirtschaftlichen Verwaltung der universitären Unternehmen. Ihre Tage verbringen sie mit dem

Anlegen von Akten, Aufstellen von Kalkulationen, Verfassen von Berichten für (manchmal nutzlose) Statistiken, sie müssen mit immer knapperen Budgets auskommen, Fragebögen ausfüllen und, um spärliche Förderungen zu bekommen, Projekte planen, müssen konfuse und widersprüchliche ministerielle Rundschreiben ausdeuten. Das akademische Jahr verrinnt im schnellen Rhythmus eines unermüdlich tickenden bürokratischen Metronoms, das für alle Arten von Gremien (akademischer Senat, Verwaltungs-, Abteilungs-, Fakultäts-, Promotionsrat, Prüfungskommission etc.) und deren endlos lange Sitzungen den Takt vorgibt.

Um die Qualität von Forschung und Lehre scheint sich fast niemand mehr, wie es eigentlich sein sollte, zu bekümmern. Zu studieren (oft wird vergessen, dass ein guter Professor vor allem ein unermüdlicher *Studierender* ist) und den Unterricht vorzubereiten, das ist inzwischen zu einem Luxus geworden, der den universitären Hierarchien jeden Tag aufs Neue abgehandelt werden muss. Man macht sich nicht mehr bewusst, dass das Studium durch die völlige Trennung der Forschung von der Lehre zu einer oberflächlichen und lehrbuchhaften Wiederholung des Bestehenden verkommt.

Schulen und Universitäten lassen sich nicht führen wie Unternehmen. Im Gegenteil zu dem, was uns die herrschenden Gesetze des Marktes und des Handels weismachen wollen, beruht das Wesen der Bildung ausschließlich auf *Zwanglosigkeit*: Wie unlängst Marc Fumaroli in einem leidenschaftlichen Vortrag am Istituto Italiano per gli Studi Filosofici in Neapel verdeutlicht hat, erinnert uns die große Tradition der europäischen Akademien und altehrwürdigen Einrichtungen wie des Collège de France (gegründet 1530 von Franz I.) daran, dass das Studium vor allem Erwerb von Kenntnissen ist, die uns, frei von jeglicher Zweckbindung, wachsen lassen und uns unabhängiger machen. Gerade die Erfahrung des vermeintlich Unnützen und die Erwerbung eines nicht unmittelbar quantifizierbaren Gutes erweisen sich als *Investitionen*, deren *Profit* sich erst auf lange Sicht (in der *longue durée*) zeigen wird.

Es wäre absurd, die Bedeutung der Berufsvorbereitung als eines der Ziele von Schulen und Universitäten in Zweifel ziehen zu wollen. Aber lässt sich die Bedeutung der Lehre wirklich darauf reduzieren, Ärzte, Ingenieure oder Rechtsanwälte heranzubilden? Ausschließlich die Professionalisierung der Studenten zu privilegieren heißt, die universelle Bildungsdimension in der Ausbildung aus dem Blick zu verlieren: Kein einziger Beruf könnte mit Verstand ausgeübt werden, wenn die technischen Fertigkeiten, die er verlangt, nicht einer umfassenderen kulturellen Bildung untergeordnet wären, durch die die Lernenden dazu ermuntert werden, ihren Geist unabhängig auszubilden und ihrer *curiositas* freien Lauf zu lassen. Den Menschen allein auf seinen Beruf zu reduzieren wäre ein schlimmer Fehler; in jedem Menschen gibt es einen Wesenskern, der weit über seinen *Beruf* hinausgeht. Ohne diese pädagogische Dimension, die mit Zweckdenken überhaupt nichts zu tun hat, wären verantwortliche Bürger in Zukunft kaum mehr vorstellbar, Menschen, die ihren eigenen Egoismus hintanstellen, um für das Gemeinwohl einzustehen, Menschen, die Solidarität zum Ausdruck bringen und für Toleranz eintreten, die die Freiheit behaupten, die Natur schützen und um Gerechtigkeit kämpfen …

In einer leidenschaftlichen Passage der *Gedanken* von Montesquieu kann man eine Werteskala wiederfinden, aus der man die dringende Aufforderung heraushört, den jeweils eigenen Dunstkreis hinter sich zu lassen und sich immer mehr in die weiten Räume des Universellen zu erheben:

Wenn ich etwas wüßte, was mir nützen, meiner Familie aber schaden würde, würde ich es aus meinem Geist verbannen. Wenn ich etwas wüßte, was meiner Familie nützen, meinem Vaterland aber schaden würde, würde ich versuchen, es zu vergessen. Wenn ich etwas für mein Vaterland Nützliches wüßte, wodurch Europa Schaden leiden würde, oder etwas, was Europa nützen und dem Menschengeschlecht schaden würde, käme es mir wie ein Verbrechen vor.

4. Hugo: Nicht durch Kürzung des Kulturetats, sondern durch seine Verdoppelung lässt sich die Krise meistern

Den Mitgliedern der europäischen Regierungen sollte man die Lektüre einer emotionsgeladenen Rede ans Herz legen, die Victor Hugo am 10. November 1848 vor der Verfassunggebenden Versammlung hielt, die aber genauso gut erst gestern hätte formuliert sein können. Viele der Einwände des berühmten französischen Schriftstellers sind noch heute von schlagender Aktualität. Angesichts der von den Ministern angestrebten Kürzung der Bildungsausgaben legt der Romancier mit großer Überzeugungskraft dar, wie schädlich, ja geradezu kontraproduktiv diese Entscheidung wäre:

> Ich behaupte, meine Herren, daß die Abstriche, welche man an dem speziellen Budget der Wissenschaften, der Literatur und der Künste vorgeschlagen hat, in doppelter Beziehung schädlich sind – sie sind vom finanziellen Gesichtspunkt aus unbedeutend und unter allen anderen Gesichtspunkten nachteilig. Ihre Unbedeutendheit unter dem finanziellen Gesichtspunkt ist so augenfällig, daß ich der Versammlung kaum das Ergebnis einer von mir angestellten Proportionsrechnung vor Augen zu bringen wage. [...] Was würden Sie, meine Herren, von einem Privatmann denken, welcher ein Einkommen von 1500 Francs hätte und für seine intellektuelle Bildung alle Jahre [...] eine bescheidene Summe: fünf Francs, verausgaben, und der, an einem Tage der Reform, an seinen geistigen Bedürfnissen sechs Sous absparen würde? (S. 144f.)

Eine für den Staat lächerliche Ersparnis, die freilich tödlich wäre für das Leben der Bibliotheken, Museen, Nationalarchive, Konservatorien, Kunstschulen und vieler weiterer wichtiger Institutionen. Unter diesen erwähnt Hugo das Collège de France, das Musée nationale d'histoire naturelle, die École des chartes und unzählige Bildungsanstalten, auf die Frankreich eigentlich hätte stolz sein müssen. Mit einem einzigen Federstrich würden die Mittelstreichungen letztlich die ganze Nation demütigen und zugleich die armen Familien der Künstler und Dichter, denen jegliche Unterstützung vorenthalten wird (»ein berühmter Künstler, Dichter, Schriftsteller arbeitet sein ganzes Leben lang, er arbeitet, ohne an seine eigene Bereicherung zu denken, er stirbt, er hinterlässt seinem Lande viel Ruhm unter der einzigen Bedingung, dass es seiner Witwe und seinen Kindern ein bisschen Brot reicht«; S. 146).

Der noch größere Irrtum besteht jedoch darin, die strengen Sparmaßnahmen zum falschen Zeitpunkt zu ergreifen, in einem Augenblick, in dem das Land seine kulturellen Aktivitäten und den öffentlichen Unterricht ganz im Gegenteil noch steigern müsste:

> Und welchen Augenblick wählt man hierfür? Hierin liegt meines Erachtens der ernste politische Mißgriff, auf welchen ich schon im Eingang meiner Rede hinwies. Welchen Augenblick wählt man, um alle diese Institute mit einem Mal infrage zu stellen? Den Augenblick, wo sie notwendiger sind als jemals; den Augenblick, wo man – weit entfernt, sie einzuschränken – sie vielmehr ausdehnen und erweitern müßte (S. 147).

Gerade wenn die Krise eine Nation in die Zange nimmt, ist es nötig, die Mittel zur Mehrung des

Wissens und die Ausbildung der jungen Menschen zu verdoppeln, um zu vermeiden, dass die Gesellschaft in abgrundtiefe Ignoranz stürzt:

> [...] worin besteht die große Gefahr der gegenwärtigen Lage? In der Unwissenheit – in der Unwissenheit noch mehr als im Elend. [...] Und in einem derartigen Augenblick, angesichts einer derartigen Gefahr sollte man daran denken, alle jene Institute anzugreifen, zu verstümmeln und zu erschüttern, deren besonderer Zweck die Verfolgung, Bekämpfung und Zerstörung der Unwissenheit ist? (S. 147)

Hugo genügt es nicht, dass man nur für die »Beleuchtung der Städte« sorgt, denn »auch in der moralischen Welt [kann] es Nacht werden« (S. 148). Wenn man ausschließlich ans materielle Leben denkt, wer wird sich dann darum kümmern, »dass man Fackeln für die Geister anzünden muss?«:

> Allein wenn ich dem Arbeiter, dem Taglöhner, welcher mein Bruder ist, glühend und leidenschaftlich das tägliche Brot wünsche, so verlange ich für ihn neben dem leiblichen Brot auch das Brot des Gedankens, das geistige Brot, das ebenfalls ein Lebensbrot ist. Ich will das geistige Brot vervielfältigen wie das leibliche Brot (S. 148).

Dem öffentlichen Unterricht obliegt die heikle Aufgabe, den Menschen aus dem Elend des

Zweckdenkens herauszuholen und ihn zur Liebe des Interesselosen und Schönen heranzubilden (»man muss [...] den Geist des Menschen wieder emporheben, ihn auf Gott, auf das Gewissen, auf das Schöne, das Gerechte und Wahre, auf das Uneigennützige und Große hinlenken«; S. 149). Ein Ziel, das freilich nur erreicht werden kann, wenn man ganz andere Entscheidungen trifft als die »vorhergehenden Regierungen« und der aktuelle »Finanzausschuss«:

> [...] man [müsste] die Schulen, die Lehrkanzeln, die Bibliotheken, die Theater, die Buchhandlungen vermehren. Man sollte die Unterrichtsanstalten für die Kinder, die Leseanstalten für die Männer, alle Anstalten, alle Zufluchtsorte vermehren, wo man nachdenkt, wo man sich unterrichtet, wo man sich sammelt, wo man etwas lernt oder wo man besser wird; mit einem Wort, man sollte von allen Seiten her das Licht in den Geist des Volkes eindringen lassen, denn durch die Finsternis verliert man es (S. 149f.).

Hugo geißelt eine bornierte und kurzsichtige politische Klasse, die im Glauben, Geld zu sparen, die kulturelle Auflösung des Landes plant und jede Form von Exzellenz abtötet:

> Sie sind in bedauerlichen Mißgriff verfallen; Sie haben eine Ersparnis an Geld zu machen geglaubt, aber Sie machen eine Ersparnis an Ruhm (S. 150).

5. Tocqueville: Die »leicht fassliche Schönheit« und die Risiken kommerzieller Demokratien

Welche Gefahr Demokratien laufen, die sich, wie die amerikanische, auf den Handel und die Industrie stützen, das hat exzellent Alexis de Tocqueville in seinem berühmten Essay *Die Demokratie in Amerika* (1835–40) beschrieben. In dieser glänzenden und klaren Darstellung des politischen und sozialen Lebens in den Vereinigten Staaten macht der junge französische Magistrat mit Weitblick die Risiken für jene ganz auf Gewinn und Profit ausgerichteten Gesellschaften aus:

> Man begegnet bei einer Menge Menschen einer selbstsüchtigen, händlerischen und gewerbsmäßigen Vorliebe für Entdeckungen des Geistes, die man nicht verwechseln darf mit der selbstlosen Leidenschaft, die im Herzen einer kleinen Zahl brennt. Es gibt den Wunsch, Kenntnisse zu benützen, und den reinen Wunsch nach Erkenntnis (II/I, X, S. 56).

Eben »das Fehlen des Überflusses« und »die beständigen Anstrengungen eines jeden«, es zu Wohlstand zu bringen, »bewirken, dass der Sinn für das Nützliche im Herzen des Menschen über die Liebe zum Schönen den Sieg davonträgt« (II/I, XI, S. 61). In einer vom Zweckdenken bestimmten Gesellschaft wenden sich die Menschen am Ende der »leicht fasslichen Schönheit« (»beautés faciles«) zu, leichter Kost, die nicht zu anstrengend ist und nicht zu viel Zeit kostet (»Sie lieben die Bücher, die man sich ohne Mühe verschafft, die man schnell liest und zu deren Verstehen keine gelehrten Forschungen nötig sind«; II/I, XIII, S. 72):

> So veranlagten Gemütern erscheint jedes Verfahren, das einen kürzeren Weg zum Reichtum weist, jede arbeitsparende Maschine, jedes Werkzeug, das die Herstellungskosten verringert, jede Entdeckung, die die Vergnügungen erleichtert und vermehrt, als herrlichste Anstrengung des menschlichen Verstandes. Hauptsächlich von dieser Seite her fühlen die demokratischen Völker sich mit den Wissenschaften verbunden, begreifen und ehren diese (II/I, X, S. 57).

Für Tocqueville ist es offenbar unausweichlich, »dass in einer so geordneten Gesellschaft der menschliche Geist unmerklich dazu geführt wird, die Theorie zu vernachlässigen« (II/I, X, S. 57). In den Vereinigten Staaten widme sich tatsächlich »fast niemand [...] dem wesentlich theoretischen und abstrakten Teil menschlichen Wissens«, wobei »die Amerikaner [...] in dieser Hinsicht eine übertriebene Einstellung [zeigen], die man [...] bei allen demokratischen Völkern [...]

vorfinden wird« (II/I, X, S. 54). Das Verfolgen des Nützlichen und die Schwächung der geistigen Aktivitäten könnten die Menschen in die Barbarei abgleiten lassen: »denn gibt es Völker, die sich das Licht aus den Händen reißen lassen, so gibt es andere, die es mit ihren Füßen selbst zertreten« (II/I, X, S. 60). Aus diesem Grund sei es »eine heilsame Gesundheitspflege«, »sich häufig aus den Werken des Altertums [zu] nähren« (II/I, XV, S. 76). Tocqueville ist natürlich nicht der Ansicht, die Klassiker und die Künste wären das einzige Gegenmittel gegen die Austrocknung des Geistes. Doch ist er überzeugt, dass unnütze und interesselose Kenntnisse »in wunderbarer Weise als Gegengewichte zu unseren besonderen Fehlern dienen können«, da sie »uns in unserem Hang eine Stütze« sind (II/I, XV, S. 76).

6. Herzen: Kaufleute, zeitlos

Trotz seiner Abneigung gegen Tocqueville sieht auch der große russische Schriftsteller Alexander Herzen in den Kaufleuten seiner Zeit eine ganz dem Handel verschriebene Klasse (»Hauptsache ist [...] die Ware, das Geschäft, die Sache,

Hauptsache ist – das Eigentum«; S. 156). In seinen *Memoiren und Reflexionen* beschreibt er höchst eindringlich das Evangelium, das hinter ihrem Verhalten steht:

> Verdiene, vermehre deine Einkünfte wie Sand am Meer, nutze und mißbrauche dein bares und moralisches Kapital, ohne dich zu ruinieren, und du wirst satt und in Ehren ein hohes Alter erreichen, deine Kinder verheiraten und ein gutes Andenken hinterlassen (S. 161).

Wer »beim Verkauf nur die gute Seite der Ware zeigen, sie um den halben Preis einkaufen« will, der wird am Ende »Schund für gute Ware [...] ausgeben« und zugleich den Schein wahren (»etwas scheinen, statt etwas zu sein«; S. 159). In einem sozialen Kontext, wo man mehr auf »äußere *Respektabilität*« denn auf »innere Würde« achtet, braucht es nicht wunderzunehmen, wenn »die allergröbste Unwissenheit den Anschein von Bildung angenommen hat«. Und da in der bürgerlichen Gesellschaft das Unnütze, »alles, was außerhalb der Handelsumsätze und der ›Exploitation‹ der eigenen gesellschaftlichen Position liegt, nicht wesentlich ist, muss ihre Bildung notwendig eine beschränkte sein« (S. 159). Wo das Leben sich »auf den ständigen Kampf um Geld« beschränkt, wird »der Mensch de facto zum Zubehör des Besitzes« (S. 157f.):

> Das Leben ist nichts anderes als ein Börsenspiel geworden, alles hat sich in Wechselbuden und Märkte verwandelt: die Redaktionen der Zeitungen, die Wahlversammlungen, die Parlamente (S. 158).

7. Bataille: Die Grenze des Nützlichen und die Vitalität des Überschüssigen

Eine unerbittliche Analyse der Ökonomie in antiutilitaristischer Lesart atmen die Seiten von *La Limite de l'utile* von Georges Bataille. Der von 1939 bis 1945 in verschiedenen Fassungen skizzierte Essay wurde von seinem Verfasser nie endgültig abgeschlossen. Die Kapitel, die auf uns gekommen sind, präsentieren jedoch eine Reihe fragmentarischer Reflexionen, in denen sich zwei entgegengesetzte Weltsichten gegenüberstehen: die eine gegründet auf eine obsessive Vorstellung vom Nutzen, die andere hingegen, ganz ohne Aussicht auf Profit, zentriert auf die Gabe. Eine radikale Opposition, die sich in zwei diametral entgegengesetzten Lebensauffassungen ausdrückt: auf der einen Seite eine Existenz im Rahmen einer eingeschränkten Ökonomie (in der nur existiert, was sich in Produktion und Wachstum umsetzen lässt) und auf der anderen Seite eine Existenz entsprechend der Unendlichkeit eines durch luxuriöse Energieverausgabung gekennzeichneten Universums (in dem, jenseits aller Beschränkung, gerade das als *unproduktiv* Angesehene zum Notwendigen wird).

In einem Brief an Jêrome Lindon, in dem Bataille dem Adressaten das verlegerische Projekt einer neuen Reihe darlegt, werden die Eckpunkte des Konflikts mit äußerster Klarheit benannt:

> Meiner Meinung nach verlangt das allgemeine Gesetz des Lebens, daß ein Organismus unter neuen Bedingungen eine größere Summe an Energie produziert, als zum puren Fortbestand nötig. Der Überschuß an verfügbarer Energie kann daher entweder für das Wachstum oder für die Reproduktion aufgewendet werden, andernfalls wird er verschwendet. Im Umfeld des menschlichen Handelns nimmt das Dilemma folgende Form an: Entweder wird der größte Teil der verfügbaren Ressourcen (will sagen: Arbeit) für die Fertigung neuer Produktionsmittel aufgewendet – und wir haben die kapitalistische Ökonomie (Akkumulation, wachsenden Reichtum) –, oder der Überschuß wird verschwendet, ohne daß man das Produktionspotenzial zu erhöhen versucht – und wir haben die Ökonomie des Festes (S. 377f.).

Die unterschiedliche Verwendung des Überschüssigen bringt also zwei gegensätzliche Haltungen hervor, mit unausbleiblichen Auswirkungen auf die Begriffe des *Menschlichen* und der *Zeit*:

> Im ersten Fall ist der Wert des Menschen eine Funktion der Produktivität; im zweiten wird er mit den schönsten Hervorbringungen der Kunst, der Dichtung, der vollen Blüte des menschlichen Lebens verknüpft. Im ersten Fall kümmert man sich nur um die zukünftige Zeit, welcher man die Gegenwart unterordnet; im zweiten hingegen zählt einzig der gegenwärtige Augenblick, und das Leben wird, zumindest hin und wieder und so oft wie möglich, befreit von Betrachtungen der Unterwerfung, wie sie in einer auf wachsende Produktion verpflichteten Welt beherrschend sind (S. 378).

Bataille, der sich dessen bewusst ist, dass »die beiden Wertesysteme nicht im Reinzustand vorkommen können«, denn »ein kleiner Kompromiss ist immer dabei« (S. 378), versucht gleichwohl, konkrete historische Beispiele beizubringen, in denen die *Verschwendung* und das Überflüssige eine wichtige Rolle bei der Überschreitung der Grenze des *Nützlichen* gespielt haben. In der Kultur der Azteken oder im Potlatsch, wie es bei einigen nordamerikanischen Stämmen praktiziert wird, ist – Zeugnis einer Ökonomie der Verschwendung oder der Verausgabung – eine Kultur der Gabe anzutreffen, auf die Bataille seinen Begriff des *glorreichen Verhaltens* stützt:

> Was ich über das »glorreiche Verhalten« der mexikanischen Kaufleute sagte, bringt uns zur Infragestellung der Nützlichkeitsprinzipien, auf die sich diese unmenschliche Kultur gründet. Indem ich mich auf die Analyse bislang wenig bekannter Fakten stütze, werde ich eine neue Sicht auf die ökonomische Geschichte bieten. Es wird sich einfach zeigen lassen, inwiefern »nützliches Verhalten« *für sich selbst genommen* wertlos ist: Nur unser »glorreiches Verhalten« bestimmt das menschliche Leben und verleiht ihm Wert (S. 200).

Ganz unabhängig von der Kritik, die man an der anthropologischen Interpretation des »glorreichen Verhaltens« geübt hat – der französische Philosoph fasste auch Kriege und religiöse Opferrituale darunter (»Ich möchte zeigen, dass es eine Äquivalenz gibt zwischen dem *Krieg*, dem *Opferritual* und dem *mystischen Leben*: es ist dasselbe Spiel von ›Ekstase‹ und ›Schrecken‹, wodurch der Mensch sich mit den Spielen des Himmels verbindet«; S. 251) –, interessant bleibt Batailles Bemühung, in der selbstlosen »Hingabe seiner selbst« die Konzeption eines Lebens auszumachen, das sich dem Nützlichkeitsprinzip verweigert. In einem kapitalistischen Kontext, beherrscht von »äußerster Gleichgültigkeit« gegenüber dem »öffentlichen Interesse« (S. 221), nimmt das »Gesetz der Verausgabung« im Gegenteil nur jene »Bewegungen des Lebens« in den Blick, »die sich *objektiv* nicht bemessen lassen« (S. 240). Allerdings ist die glorreiche Logik des Überschüssigen ihrem Untergang nahe, da der Kapitalismus »dem Menschen den Verzicht auf die Verschwendung der Feste« und »andere ähnliche Verausgabungen« abverlangt hat, um zu verhindern, dass Energien verpuffen, die für die »Entwicklung der Produktion« und die Akkumulation nützlich sind (S. 223). Durch den Verlust dieses Überschüssigen hat die Menschheit die Werte einer Kultur verloren, in der das Selbstlose und die Gabe dazu beigetragen hatten, dem Leben einen menschlicheren Wert zu geben.

Während Bataille mit Hammerschlägen die unselige Idee des Nützlichen zertrümmert, notiert er auch einen Satz, den man heute für prophetisch halten könnte: »die Regierenden, die nur das Nützliche im Sinn haben, gehen zugrunde« (S. 238).

8. Gegen die Universität als Berufsbildungsanstalt: John Henry Newman

John Henry Newmans Vorträge *Vom Wesen der Universität* geben sich als eine emphatische Verteidigung des universellen Wertes der Bildung: Der Zusammenhang zwischen Nützlichkeit und universitärer Ausbildung, den einige als vorrangig ansehen, wird in der Vortragsreihe ganz grundsätzlich infrage gestellt:

> [Gewisse bedeutende Männer] halten daran fest, daß die Bildung auf ein besonderes, eng umgrenztes Ziel beschränkt werden und auf ein bestimmtes, wäg- und meßbares praktisches Ergebnis hinauslaufen sollte. Sie reden, als ob alles, jeder Mensch und jedes Ding, seinen festen Preis hätte und sie mit Recht erwarten könnten, daß jede große Auslage einen gleich großen greifbaren Gewinn abwerfe. Dies nennen sie Erziehung und Unterricht »nützlich« gestalten; »Nützlichkeit« wird ihre Losung. Mit einem derartigen grundlegenden Prinzip kommen sie naturnotwendig zu der Frage, was sich denn aufweisen lasse, um die durch eine Universität verursachten Kosten zu rechtfertigen, worauf denn eigentlich der Marktwert der Ware, genannt »freie« Bildung, beruhe [...]. (*Achter Vortrag*, § 2, S. 159f.).

Für Newman ist die Annahme, »nur das Nützliche sei erstrebenswert und das Leben nicht lang genug, um es an interessante, seltsame oder glänzende Nebensächlichkeiten zu verschwenden« (*Achter Vortrag*, § 4, S. 166), grundfalsch. Und grundfalsch auch die Schlussfolgerung, die daraus gezogen wird: »dass keine Bildung nützlich sei, die uns nicht einen weltlichen Beruf, eine praktische Fertigkeit oder ein physikalisches Geheimnis lehre« (*Achter Vortrag*, § 6, S. 171).

Gegen jede kommerzielle Auffassung von Bildung betont Newman die Bedeutung des Wissens an sich. Dies heißt aber nicht, dass sich aus dem von beruflichen Zweckbindungen freien Studiengang und dem Erwerb von Allgemeinbildung für den Einzelnen am Ende seiner Universitätslaufbahn nicht trotzdem eine gewisse *Nützlichkeit* und eine Reihe von Vorteilen ergeben können:

> Wenn ich nun sage, daß die Bildung nicht bloß ein Mittel zu einem über sie hinausgehenden Zweck oder die Vorbedingung für bestimmte Berufe ist, zu denen sie naturgemäß hinführt, sondern ein Ziel, das sich selbst genügt und um seiner selbst willen erstrebenswert ist, dann spreche ich kein Paradoxon aus, sondern offenbar nur eine Selbstverständlichkeit [...]. Daß uns und anderen durch ihren Besitz weitere Vorteile genug erwachsen, die weit über das hinausgehen, was sie in sich selber ist, leugne ich freilich keineswegs« (*Sechster Vortrag*, § 2, S. 117f.).

Bildung als solche, »auch wenn sie zu nichts Weiterem nutzbar noch einem unmittelbaren Zwecke dienstbar gemacht wird« (*Sechster Vortrag*, § 2, S. 118), pflegt also den Geist dessen, der sie erworben hat, in einer Weise, dass sie sich auf jeden Fall als zuträglich erweist:

> Ein großes Gutes wird großes Gutes verleihen. Wenn also der Verstand einen so vorzüglichen Teil unseres Wesens darstellt und seine Bildung und Pflege etwas so Vortreffliches ist, dann [...] muß [sie] auch [...] für den Besitzer und dessen ganze Umgebung nützlich sein; nützlich nicht in einem niedrigen, äußerlich praktischen, geschäftlichen Sinn, sondern insofern als sie Gutes ausstrahlt, Segen spendet oder eine Gabe, eine Macht oder einen Schatz darstellt, zunächst für den Besitzer und durch ihn für die Welt« (*Achter Vortrag*, § 5, S. 168).

Unabhängig von den theologischen Fragen und den religiösen Spannungen, die in seinen Schriften durchscheinen, kommt »die Allgemeinbildung des Geistes« für Newman vor dem »wissenschaftliche[n] und berufliche[n] Fachstudium, denn es ist seine feste Überzeugung, dass »Gebildete [...] leisten [können], wozu Ungebildete nicht in der Lage sind« (*Achter Vortrag*, § 6, S. 169).

9. Wozu sind alte Sprachen gut? John Locke und Antonio Gramsci

Wie viele Leser werden sich wohl noch für diese leidenschaftlichen Seiten Newmans interessieren? Möglicherweise nur wenige, wenn man bedenkt, dass die utilitaristische Logik sich unerbittlich auch in den Studienfächern an Schulen und Universitäten niederschlägt. Warum sollte man die alten Sprachen lehren in einer Welt, in der keiner sie mehr spricht und wo sie vor allem auch nicht dabei helfen, eine Arbeit zu finden?

Unter den dürftigen Argumenten der neuen Bildungsmanager scheinen sich wieder einige der Überlegungen Lockes einzubürgern (wobei der britische Philosoph das Erlernen des Lateinischen für die Ausbildung eines *Gentleman* trotz seiner harschen Kritik immerhin noch für unerlässlich hielt):

> Kann es etwas Lächerlicheres geben, als daß ein Vater sein Geld und seines Sohnes Zeit damit vergeudet, daß er ihn zum Erlernen der römischen Sprache zwingt, da er ihn doch für ein Gewerbe bestimmt, in dem er keine Verwendung für Latein hat und also unfehlbar das bißchen vergißt, das er von der Schule mitbrachte und das er, darauf ist zehn gegen eins zu wet-

ten, wegen der schlechten Behandlung, die es ihm eintrug, verabscheut?

Angesichts solcher von blankem Nützlichkeitsdenken diktierten Überlegungen würde uns Antonio Gramscis beherzter Appell zum Studium des Lateinischen und Altgriechischen, den er 1932 auf einer eindringlichen Seite seiner *Gefängnishefte* vorbrachte, heute wohl ein Lächeln entlocken:

> In der alten Schule war das Grammatikstudium der lateinischen und griechischen Sprache zusammen mit dem Studium der entsprechenden Literaturen und politischen Geschichte ein Erziehungsprinzip, weil das von Athen und Rom personifizierte humanistische Ideal in der ganzen Gesellschaft verbreitet war, ein wesentliches Element des nationalen Lebens und der nationalen Kultur war. [...] Die einzelnen Kenntnisse wurden nicht auf ein unmittelbar beruflich-praktisches Ziel hin erlernt: Dieses erschien als nicht zweckgebunden, weil der Zweck die innere Entwicklung der Persönlichkeit [...] war. Man lernte nicht Lateinisch oder Griechisch, um es zu sprechen, um als Kellner, Dolmetscher oder Handelskorrespondent tätig zu sein. Man lernte es, um die Kultur der beiden Völker unmittelbar kennenzulernen, als notwendige Voraussetzung der modernen Kultur, das heißt, um sich selbst zu sein und sich selbst bewußt zu erkennen.

Aber trotz der zahlreichen Protestaufrufe in mehreren europäischen Ländern und trotz der Veröffentlichung ganzer Bände, die eine aufgeklärte Minderheit von widerständigen Professoren und militanten Intellektuellen in Frankreich und Italien zur Verteidigung der alten Sprachen veröffentlicht hat, scheint niemand mehr die Kraft zu haben, den Niedergang aufzuhalten. Den Studenten wird davon abgeraten, Studiengänge einzuschlagen, die keine greifbaren Erfolge und unmittelbaren Gewinn zeitigen. Langsam, aber sicher wird die wachsende Abneigung gegen das Lateinische und das Griechische dazu führen, dass eine Kultur, die uns beherrscht und aus der sich fraglos unser Wissen speist, ausgelöscht wird.

Julien Gracq hatte das klar gesehen, als er in einem Artikel in *Le Monde des Livres* vom 5. Februar 2000 den Triumph einer immer trivialeren Kommunikation anprangerte, in der sich immer mehr das Englische auf Kosten solcher für unnütz erachteten Sprachen wie des Lateinischen behauptet:

> Früher lernten die Schüler außer ihrer Muttersprache nur eine Sprache, das Lateinische; nicht wie eine tote Sprache, sondern als unvergleichlichen künstlerischen *Impuls*, wie ihn eine Sprache vermittelte, die ganz und gar durch Literatur gefiltert war. Heute hingegen lernt man Englisch, und man lernt es als ein realisiertes Es-

peranto, d. h. als den kürzesten und bequemsten Weg trivialer Kommunikation: als Dosenöffner, als universelles Passepartout. Das ist ein großer Unterschied, der nicht folgenlos bleiben kann: Man muß dabei an die Tür denken, die sich Duchamps einst ausgedacht hat, eine Tür, die sich nur dann in ein Zimmer öffnete, wenn damit ein anderes zugeschlossen wurde.

Wenn sich aufgrund dieser Tendenzen natürlich nur noch wenige Studenten in die Latein- und Griechischkurse einschreiben, drängt sich auch für die Kostenfrage der Lehrkräfte eine scheinbar einfache Lösung auf: den Unterricht einstellen. Dieselbe Überlegung gilt auch fürs Sanskrit oder für jede andere alte Sprache.

In einigen Fakultäten oder Abteilungen stehen sogar Fächer wie die Altphilologie oder die Handschriftenkunde zur Disposition. Dies bedeutet, dass nach Ablauf weniger Jahrzehnte – wenn die letzten Altphilologen, die letzten Paläografen und die letzten Erforscher alter Sprachen pensioniert sein werden – Bibliotheken und Museen schließen werden und man selbst auf archäologische Grabungsstätten und auf die Rekonstruktion von Texten und Dokumenten wird verzichten müssen. All dies wird (wie kürzlich Yves Bonnefoy in einer leidenschaftlichen Verteidigung des Lateinischen und der Dichtung gezeigt hat) zweifellos katastrophale Folgen für das Schicksal der Demokratie und auch der Freiheit haben (wie wiederum Giorgio Pasquali verdeutlicht hat, der die philologische Rekonstruktion überlieferter Texte als Praxis verstand, in der Wahrheit und Freiheit einander wechselseitig stützten).

Wenn es so weitergeht, wird das Gedächtnis mit immer neuen Kahlschlägen ausgelöscht, bis wir schließlich bei einer kompletten Amnesie ankommen. So wird die Göttin Mnemosyne, in der griechisch-römischen Mythologie die Mutter aller Künste und allen Wissens, die Erde gezwungenermaßen auf immer verlassen. Und mit ihr verschwinden wird bei den Menschen leider auch der Wunsch, die Vergangenheit zu befragen, um die Gegenwart zu verstehen und sich die Zukunft auszumalen. Wir werden es mit einer Menschheit ohne Gedächtnis zu tun haben, ohne jeden Sinn für die eigene Identität und die eigene Geschichte.

10. Das planmäßige Verschwinden der Klassiker

In diesem Kontext nehmen die Klassiker (der Philosophie und Literatur) an den Schulen und Universitäten einen immer randständigeren Platz ein. Die Schüler und Studenten bringen lange Jahre in den Klassen- oder Seminarräumen eines Gymnasiums oder einer Universität zu, ohne die großen Gründungstexte der abendländischen Kultur jemals zur Gänze zu lesen. Sie nähren sich von Synopsen, Anthologien, Handbüchern, Leitfäden, Zusammenfassungen, allen Arten von erklärenden und didaktisch aufbereiteten Handreichungen. Anstatt dass sie sich direkt in die Lektüre von Ariosto oder Ronsard, Plato oder Shakespeare stürzen – die ihnen zu viel Zeit rauben und übermäßige hermeneutische und sprachliche Anstrengungen abverlangen würden –, bestärkt man sie darin, Abkürzungen zu nehmen und zu einer der zahlreichen *Blütenlesen* zu greifen, die den Büchermarkt überschwemmen.

Eine verwerfliche Schulpolitik, die letztlich auch die Programmentscheidungen der Verlage unwiderruflich beeinflusst hat. In Italien sind die großen Klassikerreihen zum Schweigen verurteilt: die »Scrittori d'Italia« des (von Benedetto Croce gegründeten) Verlags Laterza, die »Classici Mondadori«, die »Letteratura Italiana Ricciardi« (von der Treccani jetzt freilich eine Neuauflage ankündigt) und, seit einigen Jahren, auch die Reihen aus dem Hause Utet. In Frankreich hält unter großen Anstrengungen der glorreiche Verlag Les Belles Lettres noch die Stellung, hat aber immer größere Mühe, Mitarbeiter zu finden, die imstande sind, kritische Ausgaben lateinischer und griechischer Texte zu besorgen. Zwei große Klassikerreihen – die »Loeb Classical Library« und die »Oxford Classical Texts« – haben mit den gleichen Schwierigkeiten zu kämpfen. In anderen europäischen Ländern sträuben sich die Verlagshäuser oft vehement gegen Editionsprojekte von Klassikern, soweit sie keine substanziellen Finanzierungen im Rücken haben. Und all dies geschieht, während der Berg von Sekundärliteratur wächst und immer weiterwächst.

Leidenschaft für Philosophie oder Dichtung, Kunstgeschichte oder Musik wird aus der Lektüre didaktischer Materialien nur schwerlich erwachsen. Obzwar nur als Hilfsmittel gedacht, werden sie die Werke, über die sie sprechen, zuletzt endgültig ersetzen: Die Texte werden damit zu bloßen Prätexten.

11. Die Begegnung mit einem Klassiker kann das Leben verändern

Und doch ist es unmöglich, sich irgendeine Form von Unterricht ohne die Klassiker vorzustellen. Die Begegnung zwischen einem Lehrer und einem Lernenden setzt immer einen »Text« voraus, von dem man ausgeht. Ohne diesen direkten Kontakt werden sich die Studenten schwerlich für Philosophie oder Literatur erwärmen und wird es den Lehrern schwerlich gelingen, ihr Bestes zu geben, um in ihren Schülern Leidenschaft und Enthusiasmus zu wecken. Zuletzt wird die Verbindung zwischen dem geschriebenen Wort und dem Leben noch vollends gekappt, der Kreis unterbrochen, der es den jungen Lesern ermöglicht hatte, von den Klassikern zu lernen und auf die Stimme der Menschlichkeit zu hören, noch ehe sie durch das Leben selbst allmählich zu verstehen lernten, welches Gewicht gelesene Bücher haben.

Kostproben ausgewählter Passagen sind nicht genug. Nie wird eine Anthologie die Kraft haben, Reaktionen auszulösen, wie nur die vollständige Lektüre eines Werkes sie hervorrufen kann. Im Prozess der Annäherung an die Klassiker kann ein Lehrer eine überaus wichtige Rolle spielen.

Man braucht nur die Biografien oder Autobiografien großer Gelehrter aufzublättern, um darin fast immer auf die Erinnerung an eine Begegnung mit einem Lehrer zu stoßen, der ihre Aufmerksamkeit in den Schul- oder Studienjahren entscheidend auf das eine oder andere Fach gelenkt hat. Jeder von uns hat erfahren können, wie die Neigung zu einem speziellen Fach sehr oft durch das Charisma und die Fähigkeit eines Lehrers geweckt wurde.

Im Unterricht enthalten ist tatsächlich stets eine Form der Verführung. Es handelt sich um eine Tätigkeit, die nicht als *Beruf* betrachtet werden kann, deren edelster Form jedoch eine aufrichtige *Berufung* zugrunde liegt. Der wahre Lehrer legt also eine Art Gelübde ab. Deshalb hat George Steiner uns mit gutem Grund daran erinnert, dass »schlechte Lehre [...] nahezu buchstäblich mörderisch und in übertragenem Sinn eine Sünde« ist. Schwacher Unterricht, »pädagogische Routine, ein Unterrichtsstil, der, ob bewusst oder nicht, zynisch ist in seinen bloß utilitären Zielen, all das ist verheerend«. Die echte Begegnung zwischen einem Meister und einem Schüler kommt ohne Leidenschaft und ohne Erkenntnisliebe nicht aus. »Man lernt nichts kennen«, wie Max Scheler, Goethe zitierend, schrieb, »als was man liebt, und je tiefer und vollständiger die Kenntnis werden soll, desto stärker, kräftiger und lebendiger muß die Liebe, ja Leidenschaft sein.« Leidenschaft und Liebe jedoch erfordern, um unsere Argumentation wieder aufzunehmen, auf jeden Fall Zweckfreiheit und Uneigennützigkeit: Nur unter diesen Bedingungen kann die Begegnung mit einem Meister oder mit einem Klassiker das Leben eines Schülers oder eines Lesers wirklich verändern.

12. Bedrohte Bibliotheken: Der Aufsehen erregende Fall des Warburg Institute

Leider kann die Unternehmenslogik selbst große Bibliotheken und international angesehene Forschungsinstitute in ihrem Bestand gefährden. Die Bibliothek des Londoner Warburg Institute, um nur ein bezeichnendes Beispiel zu geben, ist eine der bedeutendsten Forschungsbibliotheken weltweit. Nicht nur wegen ihres Bücherschatzes (rund 350 000 Bände) und des Reichtums ihrer Fotothek (rund 400 000 Bilder), sondern wegen der Rolle, die sie in der europäischen Kulturgeschichte gespielt hat und noch spielt. Man braucht nur an die besondere Natur dieser Bibliothek zu denken, deren Struktur an die eines Buches denken lässt: Die Aufstellung jedes einzelnen Bandes und die thematische Anordnung der Regale respektieren eine präzise Logik, die eine einheitliche Vision der Wissenschaften und ihrer Verknüpfungen entsprechend den Vorstellungen von Aby Warburg und seiner illustren Freunde widerspiegelt. Der Leser, der nach einem bestimmten Buch sucht, wird daneben eine Reihe weiterer Bücher zu ähnlichen oder benachbarten Themen finden. Um sie vor der Barbarei des Nazismus zu retten, wurde die Bibliothek 1934 nach London gebracht, wo sie 1944 der University of London angegliedert wurde. In dem Institut am Woburn Square haben sich im 20. Jahrhundert die namhaftesten Renaissanceforscher aufgehalten: von Ernst Cassirer bis Rudolf Wittkower, von Ernst Gombrich bis Erwin Panofsky, von Fritz Saxl bis Michael Baxandall, von Frances Yates bis Edgar Wind, von Paul Oskar Kristeller bis Carlo Dionisotti, von Giovanni Aquilecchia bis Anthony Grafton.

Doch trotz ihrer prestigereichen Geschichte und ihres unermesslichen Bücherschatzes, einzigartig in den Renaissancestudien, ist das Überleben der Bibliothek seit vielen Jahren in Gefahr: Der Plan einer Institutszusammenlegung, ersonnen von der Universitätsleitung, um die Unterhaltskosten drastisch zu senken, bedroht die Unabhängigkeit des Warburg Institute. Glücklicherweise war die unverzichtbare Einheit von Bibliothek und Institut beim Vertragsabschluss mit den akademischen Autoritäten in London von der Familie des Gründers selbst festgehalten worden. Ironie der Geschichte: Die Bibliothek, die ihre Entstehung dem Sohn eines reichen Bankiers verdankt, der auf seinen Erbanteil verzichtete, um dafür nach Lust und Laune Bücher erwerben zu dürfen, wird heute durch Entscheidungen bedroht, die ausschließlich mit Sparüberlegungen zusammenhängen (wie viel könnte ein ganzes Gebäude inmitten von London einbringen, wenn es *produktiv* genutzt würde?). Auch wenn zwischen den beiden Streitparteien momentan ein Waffenstillstand herrscht, gibt es für die Mitglieder des Warburg Institute noch keine Entwarnung. Sie wissen wohl, dass die Schlacht noch nicht zu Ende ist und dass der Konflikt jederzeit wieder aufflammen könnte. Wird die Bibliothek den Sieg davontragen? Oder wird im Gegenteil die kaufmännische Logik des Profits Oberhand gewinnen?

Das Desinteresse am Leben der Bücher scheint mittlerweile allenthalben um sich zu greifen. Im

Sommer 2012 verbreiteten Presse und Fernsehen in Italien die schockierende Nachricht, die Bibliothek des Istituto Italiano per gli Studi Filosofici, rund 300 000 Bände, werde gerade in Kisten verpackt und in einem Magazin in der Peripherie von Neapel eingelagert. Während die Kisten auf Lastwagen abtransportiert wurden, beklagte der Institutspräsident Anwalt Gerardo Marotta öffentlich die Gleichgültigkeit und Untätigkeit der regionalen und lokalen Behörden angesichts der Preisgabe eines großen kulturellen Erbes. Für Entsetzen und Verwunderung sorgte ebenfalls in Neapel und um dieselbe Zeit die Nachricht von der Plünderung der altehrwürdigen, einst von Giambattista Vico frequentierten Bibliothek der Hieronymiten, denn dort waren Bücher und Handschriften, Rara von großem Wert, verschwunden.

Als Kardinal Bessarion im Jahr 1468 seine bedeutende humanistische Bibliothek (482 griechische und 264 lateinische Bände) der Stadt Venedig vermachte, schrieb er in einem Begleitbrief an den Dogen Cristoforo Moro:

> Bücher sind voll von Worten der Weisen, voll von Beispielen aus alten Zeiten, voll von Bräuchen, Gesetzen und Religion. Sie leben, verkehren und sprechen mit uns, lehren, bilden und trösten uns, zeigen uns die

> Dinge, die unserem Gedächtnis besonders fernstehen, so als ob sie gegenwärtig sind, und stellen sie uns vor Augen. So groß ist ihre Macht, Würde und Hoheit und sogar göttliche Kraft, daß wir alle, gäbe es nicht die Bücher, ungebildet und unwissend wären, kein geschichtliches Wissen um die Vergangenheit, kein Beispiel, ja keine Kenntnis von menschlichen und göttlichen Dingen hätten. Dasselbe Grab, das den Leib der Menschen deckt, würde auch ihren Namen verschütten.

Ob sich Regierungsmitglieder heute wohl noch von den Worten des Kardinals Bessarion anrühren lassen würden?

13. Das Verschwinden der historischen Buchhandlungen

Doch leider kommt die Lawine von Katastrophen hier noch nicht zum Stillstand. Auch die Buchhandlungen wurden durch die kaufmännischen Erfordernisse in ihrem Wesenskern verzerrt. Von historischen Treffpunkten, wo man jederzeit grundlegend wichtige Texte und Essays finden konnte, sind sie heute zum Resonanzkörper für modische Werke geworden, deren Erfolg sich einem Strohfeuer vergleichen lässt. Wenn man in Paris Buchhandlungen wie die in der Nähe der Sorbonne gelegene PUF oder die legendäre Divan in Saint-Germain (in deren Räumlichkeiten man nach Jahrzehnten anderweitiger, einträglicherer kommerzieller Nutzungen seit Kurzem dank des Umzugs von La Hune wieder auf Bücher trifft) einerseits unmöglich vergessen kann, so kann man andererseits unmöglich die Umwandlungen von Buchhandlungen übersehen, die nach und nach die Gelehrsamkeit vertrieben und die Präsenz von Klassikern (man denke nur an die FNAC-Kette) drastisch reduziert haben, um auf den Regalen Platz für aktuelle, von den Medien gehypte Neuerscheinungen zu machen. Die gleiche Beobachtung trifft auf Italien zu: Viele historische Buchhandlungen verschwinden (man denke beispielsweise an Neapel, wo die Schließung von Treves Proteste ausgelöst hat), während die großen Verkaufsketten dem Zwang unterliegen, sich der Marktlogik zu fügen.

Es gibt einige wenige Inseln des Widerstands (Vrin, La Compagnie, Les Belles Lettres, La Procure in Paris oder Tombolini in Rom und Hoepli in Mailand), wo Leser nach wie vor beinahe immer vorrätig gehaltene Grundlagentexte finden können. Von einigen wenigen Ausnahmen abgesehen, sind die Buchhändler selbst nicht mehr dieselben wie ehedem, als sie den Lesern noch wertvolle Lektürehinweise geben, einen Roman oder einen Essay empfehlen konnten. Ihre Wahlfreiheit ist mittlerweile durch die Interessen der großen Vertriebsgesellschaften eingeschränkt, die ihre Publikationen nach rein kommerziellen Gesichtspunkten platzieren und für die die Qualität kein maßgebliches Kriterium mehr ist. Seit ihnen die Verantwortung abgenommen worden ist, verwandeln sich die Buchhändler in einfache Angestellte, deren Hauptaufgabe, im gleichen Geist wie bei den Angestellten eines anonymen Supermarkts, im Verkauf ihrer Produkte besteht.

14. Die unverhoffte Nützlichkeit unnützer Wissenschaften

Das Loblied auf die nützliche Nutzlosigkeit der Literatur und Philosophie darf uns jedoch nichts vormachen. Deshalb sei hier – und nicht nur zur Beruhigung der werten Kollegen Naturwissenschaftler – klar gesagt, dass ich auf diesen Seiten keinerlei Absicht habe, die kontraproduktive Gegenüberstellung von Geisteswissenschaft und Naturwissenschaft aufzuwärmen. Im Bewusstsein ihrer unterschiedlichen Rollen bin ich im Gegenteil fest davon überzeugt, dass im Kampf gegen die Gesetze des Marktes und des Profits nach wie vor auch die Naturwissenschaft einen wichtigen Platz einnimmt. Es ist bekannt, dass aus einer augenscheinlich nutzlosen, also keinem bestimmten Zweck dienenden wissenschaftlichen Arbeit später oftmals eine unerwartete Nützlichkeit entsprang. Die Erfindungen Guglielmo Marconis wären undenkbar gewesen ohne die Forschungen zu den elektromagnetischen Wellen von James Clerk Maxwell und Heinrich Hertz: Und diese Studien, daran gilt es unbedingt zu erinnern, waren ausschließlich dem Bedürfnis geschuldet, eine rein theoretische Neugier zu befriedigen. Man braucht nur die außerordentlichen Seiten nachzulesen, die Abraham Flexner diesen Fragen gewidmet hat – und die ich nicht zufällig im Anhang zu meiner Arbeit abdrucken wollte –, um zu verstehen, dass Genies wie Galilei oder Newton ihrer Neugier nachgingen, ohne vom Nutzen und vom Gewinn besessen gewesen zu sein. Die grundlegenden Entdeckungen, die die Geschichte der Menschheit revolutioniert haben, sind größtenteils die Frucht von Forschungen, die sich fernab aller utilitären Zielsetzungen bewegten.

Auch in diesem Sektor sehen sich die Universitäten und Forschungszentren durch das nachlassende Engagement des Staates zunehmend genötigt, Mittel von privaten und multinationalen Unternehmen einzuwerben. Dabei handelt es sich um Projekte, die auf jeden Fall auf die Realisierung eines Produkts zielen, das auf den Markt gebracht werden oder innerhalb des Unternehmens selbst genutzt werden kann. Ohne die Bedeutung dieser Beiträge zum Fortschritt der Wissenschaft schmälern zu wollen, scheint das Klima der Freiheit, von dem Flexner im Zusammenhang mit dem Institute for Advanced Study in Princeton spricht und das die großen wissenschaftlichen Revolutionen ermöglicht hat, hier doch sehr fern zu sein. Die sogenannte Grundlagenforschung, die früher einmal aus öffentlichen Geldern finanziert wurde, scheint keinerlei Interesse mehr zu wecken.

Kann der Umstand, dass in den letzten Jahrzehnten »Tricksereien« in den wissenschaftlichen Forschungen im Vergleich zu früher um gut das Zehnfache zugenommen haben, im Licht dieser Entwicklungen noch als zufällig gelten? Arturo Casadevall, Professor am Albert Einstein College für Medizin in New York, hat dieses Phänomen kürzlich angeprangert und nennt uns alarmierende Zahlen: Allein im Jahr 2007 wurden auf eine Million 96 Studien wegen Betrugs zurückgezogen. Eine beunruhigende Zahl, wenn man bedenkt, dass unter den determinierenden Faktoren dieser Tendenz die Einflussnahmen auf die Biomedizin durch wirtschaftliche Interessen eine wichtige Stelle einnehmen. Jeder wird sich noch an den berühmten Fall des impfkritischen Beitrags von Andrew Wakefield 1998 in der Zeitschrift *The Lancet* erinnern, der im Zuge der späteren Verurteilung des Autors wegen schwerwiegender wissenschaftlicher und finanzieller Interessenskonflike wieder zurückgezogen wurde.

15. Was bringt ein Lehrsatz? Von Euklid bis Archimedes

Dass die antike Welt sich des Unterschieds zwischen rein spekulativer (also interesseloser) und angewandter Wissenschaft bewusst war, wird nicht nur von Aristoteles bezeugt, sondern auch von Anekdoten und Biografien illustrer Wissenschaftler, die weit verbreitet waren. Man denke zum Beispiel an das, was uns Stobaeus von Euklid erzählt: Als Antwort auf die Frage eines Schülers – der ihn, kaum hatte er einen Lehrsatz erlernt, fragte: »Aber was werde ich davon haben« – ließ der berühmte Mathematiker einen Sklaven kommen und trug ihm auf, dem Schüler eine Münze zu geben, »denn der Mann muss etwas davon haben, dass er was lernt«.

Oder man lese bei Plutarch nach, welche Verachtung Archimedes für »die angewandte Mechanik« empfand, sodass er es eines Wissenschaftlers für kaum würdig hielt, über Fragen der Technik zu schreiben:

> So stolz war übrigens der Sinn, so tief der Geist und so reich die Fülle der theoretischen Erkenntnisse, die Archimedes besaß, dass er es verschmäht hat, über dasjenige, was ihm den Namen und den Ruf einer schon nicht mehr menschlichen, sondern göttlichen Einsicht verschafft hat, irgendeine Aufzeichnung zu hinterlassen, sondern er sah die Beschäftigung mit der Mechanik und überhaupt jegliche Wisssenschaft, die es mit der praktischen Anwendung zu tun hatte, für niedrig und gemein an und setzte seinen Ehrgeiz einzig an das, dem das Schöne und Hohe, unvermischt mit allem dem Zwange Unterworfenen, eigen ist, das nicht der Vereinigung mit den anderen Dingen zugänglich ist, aber den suchenden Geist zum Streit mit der Materie aufruft [...].

Es wäre unbedacht, Plutarchs Erzählung buchstäblich verstehen zu wollen, wie dies früher einige bekannte Wissenschaftshistoriker taten. Das Interesse des Archimedes für die sogenannte Mechanik ergibt sich aus verschiedenen seiner Schriften und konkret aus zahlreichen berühmten Erfindungen. Gleichwohl bezeugt das Porträt des Wissenschaftlers, das uns der griechische Philosoph, teilweise wahrscheinlich unter dem Einfluss seiner platonischen Überzeugungen, skizziert hat, dass in der Antike der Unterschied zwischen (interesseloser) Theorie und Technik deutlich wahrgenommen wurde.

16. Poincaré: Die Wissenschaft »studiert die Natur nicht, weil das etwas Nützliches ist«

Dieselben Fragen finden wichtige Erweiterungen auch in den Reflexionen Henri Poincarés. Der große Wissenschaftler und Epistemologe unterscheidet in seinem Aufsatz *Der Wert der Wissenschaft* (1904) klar zwischen »unverbesserlichen Praktikern« und »Menschen, die die Natur erkennen wollen«: Erstere denken nur an den Gewinn, während Letztere herauszufinden versuchen, auf welche Weise wir forschen können, um zu Erkenntnis zu gelangen. Die beiden unterschiedlichen Einstellungen kommen unmissverständlich zum Ausdruck, wenn man die Frage stellt, »wozu die Mathematik gut ist«:

> Wir werden oft gefragt, wozu die Mathematik gut ist, und ob die feinen Konstruktionen, die ganz und gar unserem Geiste entstammen, nicht künstlich und Kinder unserer Launen sind. Zwischen denen, die diese Frage stellen, ist ein Unterschied zu machen. Die praktischen Menschen verlangen von uns nur das Mittel, Geld zu erwerben. Diese verdienen keine Antwort; vielmehr sollten wir sie fragen, wozu man viele Reichtümer ansammelt, und ob man über der Sorge, sie zu gewinnen, Kunst und Wissenschaft vernachlässigen darf, die allein unsere Seelen befähigen, sie zu genießen, *et propter vitam vivendi perdere causas* (S. 104).

Das Zitat eines berühmten Hexameters aus Juvenals *Satiren* – »summum crede nefas animam praeferre pudori / *et propter vitam vivendi perdere causas*« (»[...] halte es [...] für den größten Frevel, das bloße Dasein dem Ehrgefühl vorzuziehen / *und um des Lebens willen die Gründe für das Leben einzubüßen*«) – erhellt die Kritik des illustren Epistemologen an jenen, die (in utilitärem Sinne) die Rettung des Lebens über dessen großen Werte stellen, unmittelbar. Ein Leben ohne Tugend und ohne Grundsätze ist kein Leben (derselbe Vers von Juvenal ist auch in anderen Kontexten von Kant bis Lacan anzutreffen). In diesem Sinne ist eine »nur auf die Anwendung gerichtete Wissenschaft unmöglich«, denn »Wahrheiten sind nur fruchtbar, wenn eine mit der anderen verkettet ist. Wenn man sich nur an diejenigen hält, von denen man einen unmittelbaren Erfolg erwartet, so fehlen die verbindenden Glieder, und es ist keine Kette mehr« (S. 104).

Aber neben den »unverbesserlichen Praktikern« macht Poincaré jene Menschen aus, »die die Natur erkennen wollen und nur danach fragen, ob wir imstande sind, sie sie besser kennen zu lehren« (S. 105). Diesen antwortet der französische Wissenschaftler und erklärt ihnen, wozu die Mathematik gut sein kann:

> Die Mathematik hat ein dreifaches Ziel. Sie soll ein Instrument zum Studium der Natur liefern. Sie hat aber auch ein philosophisches und, ich möchte sagen, ein ästhetisches Ziel. Sie soll dem Philosophen helfen, die Begriffe der Zahl, des Raumes und der Zeit zu vertiefen. Überdies aber bereitet sie ihren Jüngern ähnliche Genüsse, wie die Malerei und die Musik (S. 105).

Die Mathematiker »bewundern die zarte Harmonie der Zahlen und der Formen; sie bewundern eine neue Entdeckung, die ihnen eine unerwartete Aussicht eröffnet«. Die Freude aber, die sie empfinden, hat einen durchaus ästhetischen Charakter, »obgleich die Sinne gar nicht beteiligt sind« (S. 105). Aus diesen Gründen »[verdient] die Mathematik um ihrer selbst willen gepflegt zu werden [...], und zwar die Theorien, die nicht auf die Physik angewendet werden können, ebensogut wie die anderen«. Für Poincaré also gilt: »Selbst wenn das physikalische und das ästhetische Ziel nicht unzertrennlich wären, so dürfen wir weder das eine noch das andere opfern« (S. 105).

Die Analogie zwischen Mathematikern und Schriftstellern konkretisiert sich auch in der Schaffung einer Sprache: »[...] die Schriftsteller, die die Sprache verschönern, die sie als eine Kunst behandeln, machen daraus gleichzeitig ein Werkzeug, das viel biegsamer und viel geeigneter ist, die Feinheiten des Gedankens wiederzugeben«, nicht anders, »wie der Analytiker, der ein rein ästhetisches Ziel verfolgt, gerade hierdurch dazu beiträgt, eine Sprache zu schaffen, die geeigneter ist, den Physiker zu befriedigen« (S. 107).

In der Einleitung zur amerikanischen Ausgabe von *Der Wert der Wissenschaft* – publiziert 1907 in New York und 1908 dann wieder in den Band *Wis-*

senschaft und Methode aufgenommen – kommt Poincaré auf das Thema der Nützlichkeit zurück. Seinen Ausgang nimmt er von einigen Überlegungen, die der große russische Schriftsteller Lew Tolstoi über die Wissenschaft angestellt hat:

> Es ist klar, daß das Wort Nützlichkeit für Tolstoi nicht den Sinn hat wie für Geschäftsleute und für den größten Teil unserer Mitbürger. Er kümmert sich wenig um industrielle Anwendungen, um die Wunder der Elektrizität oder um den Automobilismus; alles das betrachtet er vielmehr als Hindernisse für den moralischen Fortschritt. Für nützlich hält Tolstoi nur das, was den Menschen besser machen kann« (S. 5).

Wenn unsere Wahl »nur durch Laune oder unmittelbar nützliche Anwendbarkeit beeinflusst« wird, »so kann von ›Wissenschaft um der Wissenschaft willen‹ nicht die Rede sein, und es könnte dann überhaupt keine Wissenschaft mehr geben«. Wer »nur auf eine sofortige, praktische Verwertung hingearbeitet hätte [...], würde [...] der Nachwelt nichts hinterlassen haben« (S. 6f.).

> Man braucht nur die Augen zu öffnen, um zu sehen, wie die Errungenschaften der Industrie, welche so viele Praktiker bereichert haben, niemals das Licht der Welt erblickt hätten, wenn diese Praktiker allein existiert hätten und wenn diese Errungenschaften nicht von uninteressierten Toren gefördert wären, die nie an die praktische Ausnutzung gedacht haben und die

dennoch von etwas anderem als nur von ihren Launen geleitet wurden« (S. 6).

Poincaré gibt ein Beispiel, wie die beiden Einstellungen, die der praktisch veranlagten Menschen und die der Wissenschaftler (»uninteressierte Toren«), zwei unterschiedliche Herangehensweisen an dasselbe Problem hervorbringen: »Ich nehme an, man solle eine Kurve bestimmen, indem man einige ihrer Punkte beobachtet. Der Praktiker, der sich nur durch die unmittelbare Anwendbarkeit leiten lässt, würde nur diejenigen Punkte beobachten, deren er für irgendeinen Zweck gerade bedarf«, während der Wissenschaftler, »da er die Kurve an sich studieren will, [...] die zu beobachtenden Punkte regelmäßig verteilen« wird und sie, »sobald er einige von ihnen kennt, [...] durch einen regelmäßigen Zug verbinden und damit die ganze Kurve kennen« wird (S. 10f.).

Nicht nur überlässt der Wissenschaftler »die Wahl der Tatsachen [...], die er beobachten soll«, dem französischen Epistemologen zufolge »nicht dem bloßen Zufall« (S. 12), sondern vor allem erforscht er die Natur nicht zu utilitären Zwecken:

Der Gelehrte studiert die Natur nicht, weil das etwas Nützliches ist; er studiert sie, weil er daran Freude hat, und er hat Freude daran, weil sie so schön ist.

> Wenn die Natur nicht so schön wäre, so wäre es nicht der Mühe wert, sie kennenzulernen, und das Leben wäre nicht wert, gelebt zu werden. Ich spreche hier, wohlverstanden, nicht von einer Schönheit, welche die Sinne berührt, nicht von der Schönheit der Eigenschaften und Erscheinungen; nicht, weil ich das verachte, davon bin ich weit entfernt, aber diese Art Schönheit hat nichts mit der Wissenschaft zu tun; ich will von der viel intimeren Schönheit reden, welche aus der harmonischen Ordnung der Teile hervorgeht und welche von der reinen Intelligenz erfaßt werden kann. Diese harmonische Ordnung ist es, welche den schwankenden Erscheinungen, die unseren Sinnen schmeicheln, Körper oder, besser gesagt, ein Rückgrat gibt, und ohne diesen Halt wäre die Schönheit dieser flüchtigen Träume nur unvollkommen, weil sie dann unbestimmt und immer vergänglich wäre (S. 12).

Man muss auf die »intellektuelle Schönheit« achten, denn diese »genügt sich selbst«, und »um ihretwegen, mehr vielleicht als um des künftigen Wohles der Menschheit willen, verurteilt sich der Gelehrte zu langen und mühsamen Arbeiten« (S. 12f.). Ohne diese fleißigen, uninteressierten Bemühungen wäre es tatsächlich schwer vorstellbar, dass der Mensch besser werden können soll.

17. »Wissen ist ein Reichtum, den man weitergeben kann, ohne ärmer zu werden«

In den kommenden Jahren wird man dagegen ankämpfen müssen, dass der Trend zum Utilitarismus nicht nur die Wissenschaft, die Schule und die Universität, sondern auch all das erfasst, was wir *Kultur* nennen. Man wird sich dem planmäßigen Abbau der Lehre, der wissenschaftlichen Forschung, der Pflege der Klassiker und der Kulturgüter widersetzen müssen. Denn Kultur und Bildung zu sabotieren bedeutet, die Zukunft der Menschheit zu sabotieren. Vor einigen Jahren las ich zufällig auf einem Schild, das in einer abgelegenen Oase der Sahara auf eine Handschriftenbibliothek hinwies, den schlichten, aber bedeutungsschweren Satz: »Wissen ist ein Reichtum, den man weitergeben kann, ohne ärmer zu werden.« Nur das Wissen vermag die dominanten Paradigmen des Profits zu durchbrechen, und es lässt sich teilen, ohne weniger zu werden. Im Gegenteil bereichert es sowohl, die es übermitteln, als auch, die es empfangen.

Dritter Teil

Besitzen tötet: Menschenwürde, Liebe, Wahrheit

Der Genuss ist es, der uns glücklich macht, nicht der Besitz.
Michel de Montaigne, *Essais*

1. Die Stimme der Klassiker

Nach dieser notwendigen Reflexion über die nützliche Nutzlosigkeit der Geisteswissenschaften ist es an der Zeit, den Klassikern das Wort zu erteilen, ihre Stimme zu hören und zuzulassen, dass aus der Begegnung mit den Seiten einiger großer Schriftsteller Funken schlagen. Wenngleich auf der Werteskala unserer Gesellschaft heute der Besitz, wie wir gesehen haben, einen prominenten Platz einnimmt, so haben doch einige Autoren glänzend aufgezeigt, wie illusorisch seine Bedeutung und wie vielfältig seine zerstörerischen Wirkungen auf allen Wissensgebieten und für alle Arten von menschlichen Beziehungen sind. »Der Genuss ist es, der uns glücklich macht, nicht der Besitz« (I, 42, S. 134), wie Montaigne scharfsinnig bemerkte. Und um dafür nur einige beredte Beispiele zu geben, möchte ich besonders auf drei Themen näher eingehen, die im Leben der Menschen stets eine herausragende Rolle gespielt haben: die Menschenwürde, die Liebe und die

Wahrheit. Gerade diese drei Gebiete – auf denen Besitz als solcher seine negative und verheerende Kraft entfaltet – bilden nämlich ganz im Gegenteil das ideale Terrain, auf dem Uneigennützigkeit und Selbstlosigkeit in unverstelltester Weise zum Zuge kommen können.

2. Menschenwürde: Die Illusion des Reichtums und die Prostitution der Gelehrsamkeit

Lässt sich die Würde des Menschen wirklich an den Gütern bemessen, die in seinem Besitz sind? Oder stützt sie sich nicht vielmehr auf Werte, die unabhängig sind von Profit und Gewinn? Um diese Fragen zu beantworten, möchte ich von einer Hippokrates zugeschriebenen Sammlung von Briefen ausgehen, in denen sich der berühmte Arzt mit der angeblichen Verrücktheit Demokrits befasst. Es handelt sich um einen Briefroman, der auf einer paradoxen Verkehrung der Rollen aufbaut: Der Arzt wird im Lauf der Erzählung zum Patienten, während der Patient in die Rolle des Arztes schlüpft. Auf diese Weise verwandelt sich die vermeintliche Verrücktheit von Demokrit in Weisheit, während sich die vermeintliche Weisheit der Abderiten in Verrücktheit verkehrt. Die Erzählung setzt mit einer bezeichnenden Szene ein: Von der Höhe seines am Hang gelegenen Hauses herab hört man den großen Philosophen immerzu lachen, zur Sorge seiner Nachbarn, die ihn für krank halten. Um ihn zu kurieren, beschließen sie, Hippokrates zu ihm zu schicken, der als Arzt Reichtum verachtet und seinen Beruf ausüben will, ohne sich von Geld beeinflussen zu lassen:

> Geld aber böte mir wohl für mein Kommen weder die Natur noch ein Gott; deshalb übt auch Ihr, Männer von Abdera, keinen Zwang aus, sondern laßt bei einer freien Kunst auch die Verrichtungen frei sein. Die um Bezahlung arbeiten, zwingen die Wissenschaften zu dienen, wie wenn sie sie aus ihrer früheren Freiheit zur Sklavin machten. [...] Beklagenswert ist ja das menschliche Leben, weil die unerträgliche Geldgier es durch und durch wie ein eisiger Hauch durchdringt.
>
> Daß doch lieber alle Ärzte gegen diese zusammenstünden in dem Willen, eine Krankheit völlig zu heilen, die schwerer ist als Geistesstörung, weil sie auch noch gepriesen wird, obwohl sie eine Krankheit ist und Unheil bringt (S. 34).

Von Anfang an erweist sich die Begegnung zwischen den beiden hochkarätigen Gesprächspartnern als sehr fruchtbar, vor allem als sie zu den Gründen kommen, die das Lachen des Philosophen ausgelöst haben und immer noch auslösen.

Auf die Fragen, die ihm der berühmte Arzt dazu stellt, antwortet Demokrit mit äußerster Klarheit folgendermaßen:

> Ich lache aber einzig über den Menschen, weil er angefüllt ist mit Torheit und leer an richtigen Taten, [...] in der Maßlosigkeit seiner Begier die Grenzen der Erde und unbegrenzte Winkel durchwandert, Silber und Gold schmilzt und nicht aufhört in diesem Erwerb, immer nach dem Mehr schreiend, bis er selber kleiner wird. Und er schämt sich nicht einmal, sich glücklich zu heißen, weil er die Schlünde der Erde durchgräbt mit den Händen von Gefangenen, wovon die einen durch das auf sie fallende Erdreich zugrunde gehen, während die anderen sehr lange Zeit diesen Zwang auf sich haben und in der Strafe wie in ihrer Heimat verbleiben. Sie suchen nach Silber und Gold, spähen nach Spuren im Staub und Goldstaub, sammeln Staub von da und dort und schneiden die Adern der Erde auf, machen aus der mütterlichen Erde immer Klumpen, um Gold zu gewinnen (S. 48).

Demokrits Überlegungen beeindrucken nicht nur Hippokrates, sondern sind, Jahrhunderte später auch für uns, die Leser des neuen Jahrtausends, erhellend. Die »mütterliche Erde« in Klumpen zu schlagen, um Gold und Silber aus ihr herauszuziehen, Menschen zu Tode zu schinden, um Reichtümer aufzuhäufen, das bedeutet, der Zukunft der Menschheit ernsten Schaden zuzufügen. Es bedeutet, jede Form von Menschenwürde zu zerstören. Es bedeutet, einem gefährlichen, selbstzerstörerischen Wahn anheimzufallen.

Reichtum und Macht erzeugen also vor allem falsche Illusionen. Daran erinnert eloquent in seinen *Briefen an Lucilius* auch Seneca, wenn er die Metapher vom Welttheater aufruft. Die Reichen und Mächtigen sind glücklich wie Schauspieler, die auf der Bühne die Rolle eines Königs spielen. Wenn das Schauspiel vorüber und die königlichen Gewänder abgelegt sind, wird jeder wieder zu dem, der er im Alltagsleben ist:

> Niemand von denen, die du im Purpur siehst, ist glücklich, ebensowenig wie die, denen die Dramen auf der Bühne Zepter und Königsmantel zuweisen: Vor dem anwesenden Volk schreiten sie großartig und auf Kothurnen einher; sobald sie abgetreten sind, ziehen sie die Schuhe aus und kehren zu ihrer normalen Körpergröße zurück. Niemand von denen, die Reichtum und Ehrenämter in einen höheren Rang versetzt, ist groß (IX, 76, 31, S. 111–113).

Für Seneca speist sich dieser Irrtum hauptsächlich aus dem Umstand, dass wir die Menschen nicht nach dem beurteilen, was sie sind, sondern nach den Kleidern, die sie anhaben, und dem Schmuck, den sie tragen:

> Und doch – wenn du den Wunsch hast, den wahren Wert des Menschen zu ermessen und zu wissen, wie er beschaffen ist, nackt betrachte ihn: Er lege ab sein Vermögen, er lege nieder seine Ehrenämter und andere Gaukeleien des Glücks, des Körpers selbst entäußere er sich: die Seele betrachte, ihre Beschaffenheit und Größe, ob sie aus Fremdem oder Eigenem bedeutend (IX, 76, 32, S. 113).

Viele Jahrhunderte später enthüllt uns Giovanni Pico della Mirandola in seiner berühmten Rede *Über die Würde des Menschen (Oratio de hominis dignitate)*, dass das Wesen der menschlichen *dignitas* im freien Willen gründet. Als Gott nämlich den Menschen schuf und ihm nichts Besonderes zuteilen konnte, da alles bereits den anderen Lebewesen gewährt worden war, beschloss er, ihn unbestimmt zu lassen, auf dass er selbst die Freiheit habe, sein eigenes Schicksal zu wählen:

> Die Natur der übrigen Geschöpfe ist fest bestimmt und wird innerhalb von uns vorgeschriebener Gesetze begrenzt. Du sollst dir deine ohne jede Einschränkung und Enge, nach deinem Ermessen, dem ich dich anvertraut habe, selber bestimmen. [...] Weder haben wir dich himmlisch noch irdisch, weder sterblich noch unsterblich geschaffen, damit du wie dein eigener, in Ehre frei entscheidender, schöpferischer Bildhauer dich selbst zu der Gestalt ausformst, die du bevorzugst. Du kannst zum Niedrigeren, zum Tierischen

> entarten; du kannst aber auch zum Höheren, zum Göttlichen wiedergeboren werden, wenn deine Seele es beschließt (S. 7).

Die Menschen, denen es freisteht, jeden Ort der Erde zu bewohnen, können sich also genauso zu den höheren Wesen wie zu den niedrigeren Tieren gesellen. Alles hängt von ihrer freien Entscheidung ab. Wer sich von der philosophischen Forschung leiten lässt, wird ohne Weiteres begreifen, dass man sich wahre *dignitas* nicht mit lediglich Gewinn bringenden Handlungen erwirbt, sondern durch die Erkenntnis der »Ursachen der Dinge, [der] Wege der Natur, [der] Ordnung des Universums, [der] Ratschlüsse Gottes, [der] Geheimnisse des Himmels und der Erde« (S. 33).

Und wichtig bleibt, von der Begrenztheit der anthropozentrischen und mystischen Sicht Picos einmal abgesehen, sein Bemühen, die Wissenschaft und die menschliche Würde aus der tödlichen Umklammerung des Profits herauszureißen:

> Ja, es ist sogar schon dahin gekommen, daß (leider!) nur noch für weise gehalten wird, wer aus dem Studium der Philosophie einen Lohnerwerb macht, und man sehen kann, wie die keusche Pallas, die als Geschenk der Götter unter den Menschen weilt, von der

> Bühne getrieben, ausgebuht und ausgepfiffen wird; daß sie niemanden hat, der sie liebte, der ihr gewogen wäre, außer wenn sie sich sozusagen prostituiert und, nach Erhalt eines armseligen Lohnes für die geraubte Jungfräulichkeit, das auf üble Weise erworbene Geld in die Kasse ihres Liebhabers zahlt (S. 33).

Das ist der Grund, weshalb ein ganzes Werk von Leon Battista Alberti – *Über die Annehmlichkeiten und Unannehmlichkeiten der Literatur (De commodis litterarum atque incommodis)* – der Notwendigkeit gewidmet ist, das eigene Leben dem Studium der Literatur zu widmen, um jenseits profitorientierter Logik auf dem Pfad der Tugend wandeln zu können. Auf den autobiografisch getönten letzten Seiten erzählt der berühmte Schriftsteller und Architekt davon, wie seine Bemühungen ausschließlich aus Liebe zur Erkenntnis angeregt wurden:

> [...] Armut, Anfeindungen, Schmähungen, die weder gering noch (wie viele gut wissen) leicht waren, [...] ertrug ich unbestechlichen, starken und erhabenen Sinnes gerade aufgrund meiner leidenschaftlichen Liebe zur Literatur. Und dies, nicht um irgend Lust daraus zu ziehen oder Besitz anzuhäufen, was ich gewiß getan hätte, wenn ich mich von der Literatur weg auf die Geschäfte gewandt hätte. [...] Wissenschaftler sollen von einem besonderen Verlangen beseelt sein, nicht nach

Gold oder Reichtümern, sondern nach Tugend und Weisheit (S. 143–145).

In der gleichen Weise hatte der anonyme Verfasser des Traktats *Über das Erhabene* Besitzgier als eine schwere Krankheit erachtet, die nicht nur die menschliche Seele, sondern auch die Gesellschaft und das zivile Leben zugrunde zu richten vermag:

> Denn die Geldgier, die uns schon alle wie eine unersättliche Krankheit gepackt hat, und die Genußsucht machen uns zu ihren Sklaven, noch besser könnte man sagen, sie ersäufen Leib und Seele; die Gier nach Reichtum ist ein krankhafter Trieb, der uns erniedrigt, [...]. Soviel ich darüber nachdenke, ich weiß nicht, wie es möglich sein soll, den grenzenlosen Reichtum so hochzuschätzen, nein richtiger: ihn zu vergöttern und dabei das schleichende, ihm eingefleischte Übel nicht in unsere Seele aufzunehmen. [...] Wenn nun jemand die Kinder dieses Reichtums aufwachsen läßt, dann zeugen sie bald unerbittliche Zwingherren in den Seelen: Hybris, Gesetzlosigkeit und Unzucht (XLIV, 6–7, S. 115–117).

3. Liebe um des Besitzens willen tötet die Liebe

Auch wo über die Liebe nachgedacht wird, lassen sich so viele Beispiele über den Wert der Selbstlosigkeit finden, dass man die Qual der Wahl hat.

Denn der Liebende gibt sich hin aus reiner Freude am Geben, ohne irgendeine Gegengabe zu erwarten. Auf diese Weise wird wahre Liebe zum Ausdruck der Begegnung zweier Wesen, die aus freien Stücken aufeinander zugehen. Was sie miteinander verbindet, ist das Band der Uneigennützigkeit, der Wert der Liebe an sich, die jedes individuelle Interesse und jede Form von Egoismus zu besiegen vermag. Und wenn Liebe geschenkt wird *(wenn man sich selbst verschenkt)*, so wird dies, wie der weise Berber in der *Stadt in der Wüste* von Antoine de Saint-Exupéry bemerkt, keinerlei Leiden verursachen:

> Verwechsle nicht die Liebe mit dem Rausch des Besitzes, der die schlimmsten Leiden mit sich bringt. Denn du leidest nicht unter der Liebe, wie die Leute meinen, sondern unter dem Besitztrieb, der das Gegenteil der Liebe ist (S. 184).

Aber sobald Besitzverlangen und das Bedürfnis, den anderen zu beherrschen, sich Bahn brechen, verwandelt sich die Liebe in Eifersucht. Lieben bedeutet in diesem Fall nicht mehr, sich zu *verschenken*, sondern vor allem, *geliebt zu werden* von jemandem, der dir *gehört*. Oft verhalten sich Paare tatsächlich so wie Tiere, die ihr Terrain markieren. Um etwas in Besitz zu nehmen, müssen sie es erst *beschmutzen*. Und manchmal, so Michel Serres, kommt »Eigentum in der Ehe [...] der Sklaverei gleich. Wieder die Markierung: das Rind und der Sklave werden mit dem Brandeisen markiert, das Auto mit dem Akronym von Ford und *die Ehefrau mit dem Trauring.*« Auf diese Weise geben die Menschen – besessen davon, die Beständigkeit der Treue, die Ausschließlichkeit der Beziehung, die Reinheit der Leidenschaft, die Verbindlichkeit des Eigentums und das Gewicht der Verfügungsgewalt um jeden Preis quantifizieren zu wollen – schließlich dem Wahnsinn nach, den eigenen Partner auf die Probe zu stellen.

Um diese Gefahr zu veranschaulichen, möchte ich näher auf zwei Episoden aus zwei großen Klassikern der Literatur eingehen: die Erzählung von Rinaldo und dem Ritter mit dem goldenen Weinkrug (Ariosto erzählt sie im 43. Gesang des *Rasenden Roland*) und die Novelle vom *Maßlos Wissbegierigen* (die Cervantes in den ersten Teil seines *Don Quijote* eingefügt hat).

Zwischen Mantua und Ferrara von der Nacht überrascht, wird Rinaldo in einem Schloss beherbergt. Zum Ende des Nachtmahls fordert ihn der Hausherr auf, sich der Probe mit dem goldenen Becher zu stellen. Man muss es schaffen, den Wein aus der verwunschenen Schale zu trinken: Wenn der Wein sich nicht über die Brust des Trinkenden ergießt, bedeutet es, dass seine Frau ihm treu ist. Rinaldo hebt den Kelch und führt ihn zum Mund, um zu trinken, stellt ihn jedoch wieder auf den Tisch zurück. Hin und her gerissen zwischen Wissbegier und einer vorsichtigen Unwissenheit, beschließt er, auf die Probe zu verzichten: Der Anspruch, in Liebesdingen die Wahrheit zu kennen, kann nur giftigen Argwohn und verhängnisvolle Obsessionen hervorbringen. Hellsichtig ahnt Rinaldo, dass man sich ins eigene Fleisch schnitte, wenn man suchte, was man nicht finden will. Denn zu lieben bedeutet, jeden Anspruch auf den Besitz von Gewissheiten fahren zu lassen. Nur zu *glauben* hilft dabei, eine auf Respekt und Toleranz gegründete Beziehung zu leben. »Bis jetzt ist mir mein Glaube gut bekommen: Was kann mir weiter noch die Probe frommen?« (XLIII, 6, V. 7f.).

Erschüttert von der Weisheit seines Gastes, bricht der Ritter in Tränen aus und bekennt, dass er die Liebe zu seiner Frau durch seine Eifersucht zerstört hat (»So hört den Paladin, den wackern, sprechen / [Rinald stieß jenen argen Becher fort], / Und laut beginnt in Tränen auszubrechen, / Der hier gebeut an diesem schönen Ort. / Etwas erholt sodann von seinen Schwächen, / Spricht er: ›Oh, dass ich folgte jenem Wort / Und, ach, der bösen Probe war beflissen, / Die mein geliebtes Weib mir hat entrissen!‹«; XLIII, 9). Gepeinigt von der Furcht, betrogen zu werden, besessen von der Ahnung, seine Frau zu verlieren, stellt er sie mehrfach auf die Probe, um sich ihrer Treue zu vergewissern. Zunächst widersteht die Braut den verfänglichen Versuchungen standhaft und entgeht den Fallen, die er selbst geschmiedet hat. Aber als er ihr, von einer Zauberin in einen »jungen Herrn« verwandelt, kostbare Edelsteine anbietet, erklärt sich die Frau, die List nicht ahnend, bereit, zum Tausch gegen die Geschenke eine Nacht mit ihm zu verbringen: »Ich sah sie unmutvoll zuerst erbeben; / Errötend weist sie uns schon fast vom Ort; / Doch als den lichten Schein die Steine geben, / Wie Feuer hell, da schwand die Härte fort, / Und stockend sagt sie schließlich – ach, das Leben / Entschwindet mir, gedenk' ich an das Wort! –: / Sie wolle mir willfahren nach Gefallen, / Wenn es verborgen bleibe stets vor allen« (XLIII, 38).

Ohne das Thema der Bestechung, ausgelöst einmal mehr von der Gier, Reichtümer zu scheffeln, weiter zu vertiefen – »Verwünschter / Hunger nach Gold! Wozu verführst du nicht sterbliche

Herzen?« (»quid non mortalia pectora cogis, / auri sacra fames!«), wie Vergil im dritten Gesang der *Aeneis* ausrief (III, 56f.) –, beharrt Ariosto hier auf der Unverantwortlichkeit des Ehemannes, der den Fehltritt der Frau selbst ersinnt und verursacht. Tatsächlich macht Rinaldo, nachdem er sich das dramatische Geständnis des Ritters mit dem goldenen Krug angehört hat, ihm seinen Leichtsinn zum Vorwurf. Für den Paladin kann das Ende der Liebe nicht dem Umstand angelastet werden, dass die Frau dem Drängen nachgegeben hat. Der wahre Irrtum liegt einzig und allein im Wahn des Gatten, weil er die Treue seiner Frau auf den Prüfstand stellen und ausloten wollte, bis an welche Schwelle ihre Widerstandskraft reiche:

So mächtig stürmen durftest du ja nimmer,
Wofern du ernsthaft ihren Sieg gewollt:
Auch Stahl und Marmor, sie erliegen immer
Vor Edelsteinen und vor rotem Gold.

So stark sie zu versuchen, scheint mir schlimmer
Als der Tribut, den sie der Schwäche zollt.
Hätt' also dich zu prüfen ihr gefallen,
Wer weiß? Am Ende wärst du selbst gefallen
(XLIII, 49).

Den Besitzanspruch aufgeben, das Zusammenleben auf die Gefahr des Verlustes hin zu meistern, das bedeutet, die Zerbrechlichkeit und die

Unsicherheit der Liebe zu akzeptieren. Es bedeutet, auf die Illusion einer Unauflöslichkeitsgarantie für die Liebesbeziehung zu verzichten und zur Kenntnis zu nehmen, dass menschliche Beziehungen mit den sie auszeichnenden Grenzen und Unvollkommenheiten ohne Unklarheit, ohne Schattenzonen und Ungewissheit schlechterdings nicht auskommen können. Das ist der Grund dafür, weshalb man die Liebe, sobald man in ihr vollkommene Transparenz und absolute Wahrheit sucht, zerstört, sie in einer tödlichen Umklammerung erstickt.

Nicht umsonst findet Rinaldos Klugheit in einer Novelle des *Don Quijote* mit dem Titel *Der maßlos Wissbegierige* (I, XXXIII–XXXV) Erwähnung. Cervantes rückt hier zwei brüderliche Freunde mit Namen Lotario und Anselmo ins Rampenlicht. Der zuletzt Genannte vermählt sich mit der wunderschönen Camilla. Und während das junge Paar seiner glücklichen Liebe lebt, rührt sich tief in Anselmos Innerem ein Stachel und nagt an seiner Heiterkeit: Kann eine Frau, die keinen gefährlichen Versuchungen ausgesetzt ist und die keine Gelegenheiten hat, ihre Aufrichtigkeit unter Beweis zu stellen, überhaupt als treu erachtet werden?

> Denn was für ein Verdienst liegt darin – sagte er –, wenn eine Frau ehrbar ist, sofern niemand sie dazu drängt, unehrbar zu sein? Was Wunder, wenn diejenige zurückhaltend und ängstlich bleibt, der man keine Gelegenheit gibt, sich gehen zu lassen, und die weiß, daß sie einen Mann hat, der sie bei der ersten Leichtfertigkeit umbringen wird? Die, die nur aus Angst oder Mangel an Gelegenheit tugendhaft ist, schätze ich nicht ebenso hoch ein wie die Umworbene und Bedrängte, die sich die Siegeskrone holt (I, XXXIII, S. 359).

Von Eifersucht geplagt, bittet Anselmo deshalb seinen Freund, Camilla zu versuchen und ihre Treue auf die Probe zu stellen. Lotario widersetzt sich und führt starke Argumente an, um den Freund umzustimmen. Ihm zufolge handelt es sich um einen wahnwitzigen Plan, der auf keinen Fall zu etwas Gutem führen wird. Bleibt die Ehefrau standhaft, wird der Ehemann deshalb nicht mehr geliebt denn zuvor; doch gibt sie im Gegenteil der Versuchung nach, wird der Ehemann höchstselbst ihre Unehrbarkeit verursacht haben. Und eben in dieser Rede zur Umstimmung des Freundes zieht Lotario die Episode vom »klugen Rinald« heran, der es verstanden hatte, die Probe, wie im *Rasenden Roland* erzählt, von sich zu weisen:

[Du, Lotario, wirst] Tränen um Tränen weinen, und wenn sie deine Augen nicht vergießen, dann dein blutendes Herz, wie sie der einfältige Doktor vergoß, von dem uns der Dichter erzählt, daß er sich der Probe mit dem verwunschenen Kelch unterzog, der sich der kluge Rinald nicht stellen wollte. Das mag zwar dichterische Erfindung sein, doch birgt sie eine Wahrheit, die es wert ist, beachtet, begriffen und befolgt zu werden (I, XXXIII, S. 364).

Die im *Don Quijote* erzählte Geschichte wird leider tragisch enden: Lotario und Camilla werden sich ineinander verlieben, Anselmo wird vor Schmerzen sterben, und die beiden neuen Liebenden werden ihr Leben verlieren. Aber bevor er sein Leben aushaucht, wird der reumütige Gemahl seiner Frau eine unvollständige Botschaft hinterlassen, in der er zugibt, dass er selbst der Verursacher seiner verletzten Ehre ist:

Ein törichtes, maßloses Verlangen setzte meinem Leben ein Ende. Wenn die Nachricht von meinem Tode Camilla erreicht, soll sie wissen, daß ich ihr vergebe, denn sie hatte nicht die Pflicht, Wunder zu wirken, und ich nicht die Veranlassung, sie von ihr zu erwarten. So war ich selbst der Schmied meines Ehrverlustes, und es gibt keinen Grund… (I, XXXV, S. 408).

Mit dieser Novelle erweist sich Cervantes als genauer Leser Ariostos. Doch die beiden im *Rasen-*

den Roland und im *Don Quijote* erzählten Fälle gehen über den engen Rahmen von Liebesbeziehungen und zwischenmenschlichen Verhältnissen fraglos hinaus. Sie sind innerhalb einer breiteren Reflexion über die Toleranz zu sehen. Rinaldo und sein Interpret Lotario fordern uns auf, den Begriff der absoluten Wahrheit aufzugeben, sie fordern uns auf, uns mit dem Gedanken anzufreunden, dass jede Eroberung eine vorläufige ist, prekär und dem Verlust ausgesetzt.

Besitzen zu wollen ist auf jeden Fall einer der schlimmsten Feinde der Liebe. Die Liebe in einen Kreis einzusperren und sie zu einem Leben in ewiger Gefangenschaft zu verdammen wird sie nicht vor den Veränderungen und dem Wandel bewahren können, denen alle *menschlichen Dinge* unterliegen. Daran erinnert auch Diderot in einer brillanten Passage seines *Nachtrags zu »Bougainvilles Reise«*:

> Erscheint dir irgendetwas so unvernünftig wie ein Gebot, das die Veränderung ausschließt, die in uns liegt; das eine Beständigkeit erheischt, die nicht in uns liegen kann, und das die Freiheit von Mann und Weib vergewaltigt, indem es beide für immer aneinander fesselt? Erscheint dir irgendetwas so sinnlos wie eine Treue, die den launischsten aller Genüsse auf ein und dasselbe Geschöpf beschränkt, und ein Schwur der

> Unwandelbarkeit zwischen zwei Wesen von Fleisch und Blut, sei es unter einem Himmel, der nicht einen Augenblick lang derselbe bleibt, sei es in Höhlen, die einzustürzen drohen, am Fuß eines Felsens, der zu Staub zerfallen wird, unter einem Baum, der einmal bersten wird, oder auf einem wankenden Stein?

Liebe kann man nicht in einen Käfig sperren. Liebe, um ein wunderbares Bild aus einem Brief Rainer Maria Rilkes aufzugreifen, muss sich frei bewegen können und braucht eine offene Hand, sodass sie ungehindert beides kann: bleiben oder fliehen. Eine Faust zu ballen, um sie aufzuhalten, bedeutet, dass wir unsere Hand in einen Sarg verwandeln. Denn besitzen wollen heißt töten:

> Denn in unserem Schauen liegt unser wahrstes Erwerben. [...] Reich aber werden wir nicht dadurch, daß etwas in unseren Händen wohnt und welkt, sondern dadurch, daß alles durch ihren Griff hinströmt wie durch das festliche Tor des Einzugs und der Heimkehr. Nicht ein Sarg sollen uns die Hände sein: ein Bett nur, darin die Dinge dämmernden Schlaf und Träume tun, aus deren Tiefen heraus ihre liebsten Verborgenheiten reden. [...] Denn Besitz ist Armut und Angst; Besessenhaben allein ist unbesorgtes Besitzen.

4. Die Wahrheit besitzen zu wollen tötet die Wahrheit

Vom Thema der Liebe zu dem der Wahrheit ist es nur ein kleiner Schritt. Man denke an den von Platon geformten berühmten Mythos von Eros, der vor allem in der europäischen Renaissance außerordentlich erfolgreich war. Tatsächlich wird im *Gastmahl* der Philosoph mit Amor verglichen, da beide zu einer ewigen Bewegung zwischen Gegensätzen verurteilt sind. Man braucht nur die *Fabel* der Empfängnis des Eros nachzulesen, erzählt von der Priesterin Diotima und wiedergegeben in den Worten des Sokrates, um den Vergleich besser zu verstehen. Auf dem Fest anlässlich der Geburt der Aphrodite gibt Poros, der Gott des Scharfsinns, betrunken vom Nektar, sich Penia hin, der Göttin der Armut: Aus ihrer Vereinigung geht Amor hervor, der durch die gegensätzlichen Eigenschaften seiner Eltern dazu bestimmt ist, alles zu verlieren und alles zu gewinnen. Nicht sterblich noch unsterblich, nicht arm noch reich, spielt Eros die Rolle eines *Vermittlers*, wodurch er den zwischen Nichtwissen und Weisheit schwebenden Zustand des Philosophen zu symbolisieren vermag. Angesiedelt zwischen den Göttern (die nicht nach

Weisheit suchen, weil sie sie schon besitzen) und den Unwissenden (die nicht nach ihr suchen, weil sie sich bereits in ihrem Besitz glauben), wird sich der wahre Philosoph ihr zeit seines Lebens als Weisheitsliebender zu nähern versuchen und nach ihr streben.

Dieses Bild der *Quête* des Philosophen auf originelle Weise aufgreifend, treibt Giordano Bruno sie zu äußerster Konsequenz. In den *Heroischen Leidenschaften* bedient er sich der klassischen Schemata der Liebesdichtung, um sie seiner Suche nach Weisheit anzupassen. Gekennzeichnet durch das unerfüllte Sehnen eines Liebenden, der die unerreichbare Geliebte in die Arme zu schließen trachtet, wird die Liebesbeziehung zur Symbolisierung des heroischen Strebens des Erkenntnissuchenden herangezogen. Beseelt von unerschöpflicher Leidenschaft, wird dieser *Dienst* so zum Ausdruck einer Unmöglichkeit, einer Entbehrung, einer Jagd auf unerreichbare Beute. Der die Weisheit liebende Philosoph weiß sehr gut, dass seine einzige Berufung darin liegt, der Wahrheit nachzusetzen. In *Das Unermessliche* bekräftigt Bruno entsprechend:

> Denn sooft wir glauben, daß es darüber hinaus eine andere Wahrheit zu erkennen und ein anderes Gut zu

> erlangen gibt, suchen wir immer nach einem anderen Wahren und haben immer Verlangen nach einem anderen Gut. Solange also in der erkannten Wahrheit keine Grenze und im erreichten Gut nicht auch das Ende enthalten ist, bleiben das Forschen und Wünschen bestehen (I, 1, S. 10).

Für Bruno ist die Suche nach Weisheit eine rein menschliche und vernünftige Operation. Es geht nicht um Zeichen und Wunder, Zauberei, abstrakte Mystizismen, Verheißungen phantasierter Vereinigungen mit der Gottheit oder Garantien eines übernatürlichen weiteren Lebens: Dass der leidenschaftlich Suchende keine Befriedigung findet, gründet einzig und allein in dem inkommensurablen Missverhältnis, das zwischen einem endlichen Wesen und einem unendlichen Wissen entsteht. Doch ebenjenes Streben nach der ganzen Wahrheit kann den Menschen zur Erkenntnis der tiefsten Geheimnisse der Natur erheben und ihm die Möglichkeit geben, mit den Augen des Geistes die Einheit in der Vielfalt zu erkennen, und sei es auch nur für einen Augenblick. In dieses Bewusstsein einer unmöglichen, aber ständig gesuchten Vereinigung mit der unendlichen Weisheit schreibt sich der Liebesdienst des Philosophen ein. Was für Bruno zählt, ist nicht die Vereinigung mit der unendlichen Weisheit, sondern eher die Haltung, die man bei der Annäherung an die Weisheit einnehmen soll. Das Wesen der *philo-sophia* besteht darin, die Liebe zur Weisheit immer angefacht zu halten. Aus diesem Grund ist es wichtiger, mit Würde zu laufen, als den Preis zu gewinnen:

> Und wenn es auch nicht immer möglich ist, den Sieg davonzutragen, gebt nicht auf, strengt all Eure Kräfte in einer so entscheidenden Sache an, leistet bis zum letzten Atemzug Widerstand! Nicht nur der Sieger wird gepriesen, sondern auch derjenige, der nicht als Feigling und Zauderer stirbt [...]. Nicht nur derjenige, der den Preis davonträgt, ist es wert, geehrt zu werden, sondern auch der, der so gut gelaufen ist, daß auch er hätte Sieger sein können.

Alle echten Jäger wissen, wie auch Montaigne auf einer schönen Seite seiner *Essays* ausführt, dass der wahre Zweck der Jagd in der Verfolgung der Beute liegt, im »Weidwerk« selbst:

> Stets unterwegs und auf der Jagd zu sein ist unsre eigentliche Aufgabe, und wir sind nicht zu entschuldigen, wenn wir dabei ungeschickt und unbeholfen vorgehn. Ob die Beute uns entwischt, ist eine andre Frage; denn wir sind zwar geboren, der Wahrheit nachzuspüren, einer größeren Macht aber bleibt es vorbehalten, sie zu besitzen. [...] Die Welt ist nur eine Schule der Erkenntnissuche. Trefflich zu zielen zählt in ihr mehr als zu treffen.

Bruno und Montaigne machen beide die dramatische Lebenserfahrung der Religionskriege. Sie wissen, dass die Überzeugung, im Besitz der absoluten Wahrheit zu sein, die diversen Kirchen zu Instrumenten der Gewalt und des Terrors gemacht hat. Ihnen ist bewusst, dass der Fanatismus die Auslöschung unschuldiger und wehrloser Menschenleben gefördert und Zerstörung und Tod selbst in den Schoß von Familien hineingetragen hat. Und das, obgleich die Anwendung von brutaler Gewalt, wie Erasmus in einer leidenschaftlichen Verteidigung des Friedens zu bedenken gibt, in krassem Widerspruch steht zum eigentlichen Wesen von Religion:

> Alle Schriften der Christen, ob man das Alte Testament liest oder das Neue, predigen laut nichts anderes als Frieden und Einmütigkeit – und das ganze Leben der Christen dreht sich um nichts anderes als um Kriege.

Erasmus legt hier den Finger in eine Wunde, die nicht nur Christen quält. Seine scharfsinnigen Betrachtungen könnten noch heute auch für andere Glaubensrichtungen gelten, denn das Risiko des Fanatismus nistet sich in allen Religionen ein. In allen Epochen wurden leider im Namen Gottes Massaker, Gemetzel, Völkermorde begangen.

Im Namen Gottes wurden Kunstwerke von universeller Bedeutung zerstört, ganze Bibliotheken mit Handschriften und Büchern von unschätzbarem Wert verbrannt und Philosophen und Wissenschaftler auf den Scheiterhaufen gebracht, die in entscheidender Weise zum Fortschritt des Wissens beigetragen haben. Hier sei nur an Giordano Bruno erinnert, der auf Betreiben der römischen Inquisition am 17. Februar 1600 auf dem Campo de' Fiori ein Opfer der Flammen wurde. Oder an die qualvolle Hinrichtung Michel Servets 1553 in Genf, vollzogen auf Geheiß Johannes Calvins, auf dem immer noch schwer die mutig vorgebrachte Anklage aus Sébastien Châteillons Kampfschrift *Gegen Calvin* lastet:

> Man bekennt sich nicht zu seinem Glauben, indem man einen anderen Menschen verbrennt, sondern indem man sich für diesen Glauben verbrennen läßt. [...] Einen Menschen töten heißt niemals, eine Lehre verteidigen, sondern einen Menschen töten. Als die Genfer Servet hinrichteten, haben sie keine Lehre verteidigt, sondern einen Menschen getötet.

Ein schreckliches Paradox: Im Namen der absoluten Wahrheit wurden Gräueltaten begangen, die man als unerlässlich für das Wohl der Menschheit ausgab. Und wieder einmal ist es die Aufgabe der

Literatur, ein Gegengift zu Fanatismus und Intoleranz zu liefern. Auch in der Domäne der göttlichen Dinge zerstört der Besitz der absoluten Wahrheit am Ende jeden Glauben und jede Wahrheit. Das bezeugen in herausragender Weise zwei große Autoren, die auf unterschiedliche Weise dieselbe Geschichte erzählen und dadurch zeigen, wie ein kurzes Stück Literatur bisweilen wirksamer ist als eine lange Abhandlung. Es handelt sich um die berühmte Novelle von den drei Ringen, erzählt von Giovanni Boccaccio im *Dekameron* und neu gefasst vier Jahrhunderte später, im 18. Jahrhundert, von Lessing in seinem Drama *Nathan der Weise*.

In der dritten Geschichte des ersten Tages des *Dekameron* ruft der berühmte Saladin, Sultan von Babylon, den reichen Juden Melchisedech an seinen Hof und fragt ihn, welche der drei Religionen (die jüdische, christliche oder muslimische) die wahre sei. Der Jude versteht auf Anhieb, dass es sich um eine Fangfrage handelt, und da er »wirklich weise« ist, antwortet er darauf mit einer Geschichte. So erzählt er von einem Vater, der als geheimes Vermächtnis dem verdienstvollsten seiner Erben einen goldenen Ring hinterlässt. Dieser Tradition folgend, wählt von Generation zu

Generation jeder Erwählte sich seinerseits einen Sohn, dem die Ehre des Erbes zuteil werden soll, bis ein Vater schließlich in Schwierigkeiten gerät, weil er drei gleichermaßen gehorsame Söhne hat, die er ganz gleichmäßig liebt. Wie alle drei auszeichnen mit nur einem Ring? Heimlich lässt er bei einem Goldschmied zwei perfekte Kopien des Originals anfertigen und schenkt, als er zum Sterben kommt, jedem Sohn den seinigen:

> Und weil sich nun ergab, daß die Ringe einander so ähnlich waren, daß man den richtigen nicht erkennen konnte, blieb die Frage, wer der wahre Erbe des Vaters sei, in Schwebe und schwebt noch heute. Und so sage ich Euch, Herr, auch von den drei Gesetzen, die Gott, der Vater, den drei Völkern gegeben hat und derentwegen Ihr die Frage aufgeworfen habt: Jedes Volk glaubt seine Erbschaft, nämlich sein wahres Gesetz zu haben und seine Gebote befolgen zu müssen; wer sie aber hat, diese Frage ist so wie bei den Ringen noch immer in Schwebe (I, 3, S. 56).

Die geschickte Antwort Melchisedechs, die Saladin vollauf zufriedenstellt, zeigt, dass die Menschen eine Frage, die Gott allein zu lösen vermöchte, mit irdischen Mitteln nicht beantworten können. Durch seine originelle Bearbeitung eines schon damals weit verbreiteten Motivs formuliert Boccaccio eine Aufforderung zum gegenseitigen Respekt in Toleranz und zivilem Miteinander. Und diese heikle, aber notwendige Balance wird Jahrhunderte später in einem der Meisterwerke der deutschen Literatur, in Lessings *Nathan der Weise* (1778/79), wieder aufgegriffen. Wieder fällt es einem Juden zu, die Geschichte von den drei Ringen, diesmal mit höherem Bewusstsein, zu erzählen. Die Söhne, die allesamt Anspruch auf das Erbe erheben, begeben sich zu einem Richter, der den drei Anwärtern empfiehlt, alles so zu lassen, wie es ist, und den jeweils eigenen Ring, den sie geschenkt bekamen, als den echten anzusehen:

> »[...] Hat von / Euch jeder seinen Ring von seinem Vater: / So glaube jeder sicher seinen Ring / Den echten. – Möglich; daß der Vater nun / Die Tyrannei des Einen Rings nicht länger / In seinem Hause dulden wollen! – Und gewiß; / Daß er euch alle drei geliebt, und gleich / Geliebt: indem er zwei nicht drücken mögen, / Um einen zu begünstigen. – Wohlan! / Es eifre jeder seiner unbestochnen / Von Vorurteilen freien Liebe nach! / Es strebe von euch jeder um die Wette, / Die Kraft des Steins in seinem Ring' an Tag / Zu legen! [...]« (III/7, V. 517–529, S. 279f.).

Dass es den Menschen unmöglich ist festzulegen, welche Religion die wahre ist, hindert sie jedoch nicht daran, deren Wirksamkeit überprüfen zu können und ihre Fähigkeit, durch ein Zeugnis der

Liebe, der Solidarität, des Friedens Anhänger zu gewinnen, zu erproben.

Wie die Philosophie muss auch die Religion eine Lebensentscheidung werden, muss sich in eine Lebensform verwandeln. Auf diese Weise wird keine Religion und keine Philosophie jemals den Besitz einer absoluten, für alle Menschen Gültigkeit besitzenden Wahrheit geltend machen können. Denn zu glauben, man sei im Besitz der einzigen und alleinigen Wahrheit, bedeutet, sich verpflichtet zu fühlen, sie zum Wohl der Menschheit auch mit Gewalt durchzusetzen. Dogmatismus erzeugt auf jedem Wissensgebiet – in der Ethik, der Religion, Politik, Philosophie und Naturwissenschaft – Intoleranz; die eigene Wahrheit als die einzig mögliche anzusehen bedeutet, jede Suche nach Wahrheit zu unterbinden.

Tatsächlich hat, wer sich fest im Besitz der Wahrheit glaubt, die Suche nach ihr nicht mehr nötig, er hat nicht mehr das Bedürfnis, Dialoge zu führen, dem anderen zuzuhören, sich in echter Weise mit der Unterschiedlichkeit und Vielfalt auseinanderzusetzen. Nur wer die Wahrheit liebt, kann immer nach ihr suchen. Und dies ist der Grund dafür, weshalb der Zweifel nicht der Feind der Wahrheit ist, sondern ein ständiger Antrieb, nach ihr zu suchen. Nur wenn man wirklich an die Wahrheit glaubt, weiß man, dass der einzige Weg, sie immer lebendig zu halten, ebendarin besteht, sie immerzu in Zweifel zu ziehen. Ohne die Verneinung einer absoluten Wahrheit kann es keinen Raum für Toleranz geben.

Nur das Bewusstsein, zu einem Leben in Ungewissheit bestimmt zu sein, nur die Demut, sich für fehlbar zu halten, nur das Wissen darum, der Gefahr des Irrtums ausgesetzt zu sein, nur sie erlauben uns, dass wir zu einer echten Begegnung mit den anderen kommen, mit denjenigen, die anders denken als wir. Aus diesen Gründen müssen wir die Vielfalt der Meinungen, der Sprachen, der Völker als einen unermesslichen Reichtum der Menschheit ansehen und nicht als ein gefährliches Hindernis.

Gerade deshalb können diejenigen, die die absolute Wahrheit leugnen, nicht als Nihilisten angesehen werden: In gleichem Abstand zu den Dogmatikern (die glauben, im Besitz der absoluten Wahrheit zu sein) und den Nihilisten (die die Existenz der Wahrheit leugnen) befinden sich diejenigen, die die Wahrheit so sehr lieben, dass sie ständig auf der Suche nach ihr sind. Dies – die Fehlbarkeit des Wissens akzeptieren, sich mit dem

Zweifel messen, mit dem Irrtum leben – bedeutet nicht, dem Irrationalismus und der Willkür anzuhängen. Sondern es bedeutet im Gegenteil, im Namen des Pluralismus unser Recht auf Kritik auszuüben und das Bedürfnis zu verspüren, auch mit jenen in Dialog zu treten, die sich für andere Werte als die unseren streiten.

Als leidenschaftlicher Verfechter der Pressefreiheit gegen jede Form von Zensur, erinnert uns in *Areopagitica* John Milton daran, dass die Wahrheit als eine fließende Quelle anzusehen ist:

> Wer zu beobachten gewohnt ist, weiß recht wohl, daß unser Glaube und unser Wissen ebenso durch Übung stärker werden als unsere Glieder und unsere Gesundheit. Die Wahrheit wird in der Schrift mit einem strömenden Springquell verglichen: Wenn ihre Wasser nicht in beständigem Fluß sind, so verwandeln sie sich in einen trüben Pfuhl von Einförmigkeit und Überlieferung (S. 32).

Alle, die mit der Ausrede, sie verteidigten die Wahrheit, zur »bewaffneten Gerechtigkeit« greifen, machen ihr für Milton nur endgültig den Garaus (S. 38). Und indem sie die Wahrheit töten, töten sie letztlich ebenso auch die Freiheit. So wie man umgekehrt, wenn man die Freiheit tötet, letztlich die Wahrheitssuche unmöglich macht. So fügt er, immer noch in *Areopagitica*, hinzu: »Mir gilt die Freiheit zu erkennen, zu sprechen und nach Überzeugung frei zu schließen mehr als alle Freiheiten« (S. 42). Es ist diese Diskussionsfreiheit, die es dem Menschen erlaubt, die versprengten Fragmente der Wahrheit zusammenzufügen:

> Stets zu forschen nach dem, was wir noch nicht kennen, durch das, was wir kennen, stets Wahrheit an Wahrheit, wie wir sie finden, zu reihen (denn ihr ganzer Körper ist homogen und zusammenpassend), das ist die goldene Regel in der Theologie eben so gut wie in der Arithmetik [...] (S. 37).

Viel mehr noch gäbe es zu sagen. Weit entfernt von welch möglichem Schluss auch immer, möchte ich jedoch provisorisch schließen mit einem wunderbaren Zitat von Lessing, in dem der Akzent ein weiteres Mal auf der Notwendigkeit der Wahrheitssuche liegt:

> Nicht die Wahrheit, in deren Besitz irgendein Mensch ist oder zu sein vermeinet, sondern die aufrichtige Mühe, die er angewandt hat, hinter die Wahrheit zu kommen, macht den Wert des Menschen. Denn nicht durch den Besitz, sondern durch die Nachforschung der Wahrheit erweitern sich seine Kräfte, worin allein seine immer wachsende Vollkommenheit bestehet. Der Besitz macht ruhig, träge, stolz –
>
> Wenn Gott in seiner Rechten alle Wahrheit und in seiner Linken den einzigen immer regen Trieb nach

> Wahrheit, obschon mit dem Zusatze, mich immer und ewig zu irren, verschlossen hielte und spräche zu mir: wähle! Ich fiele ihm mit Demut in seine Linke, und sagte: Vater gib! Die reine Wahrheit ist ja doch nur für dich allein!

Diese Worte Lessings wie auch der anderen Autoren, die wir davor gelesen haben, haben die Kraft, etwas in uns in Schwingung zu versetzen und zu bezeugen, als was für ein höchst nützliches Instrument sich die angebliche Nutzlosigkeit der Klassiker ganz im Gegenteil erweisen kann, um uns und zukünftige Generationen – alle Menschen, die bereit sind, sich entflammen zu lassen – daran zu erinnern, dass Besitz und Profit töten, während die von jeder Art von Utilitarismus losgelöste Suche die Menschheit freier machen kann, toleranter und menschlicher.

Anhang

Abraham Flexner

Die Nützlichkeit unnützen Wissens*

I.

Ist es nicht kurios, dass in einer Welt, die von irrationalen, ja zivilisationsbedrohenden Hassgefühlen überrollt wird, Männer und Frauen, alte und junge, sich ganz oder teilweise aus dem tosenden Strom des Alltagslebens herausziehen und sich der Pflege des Schönen, der Erweiterung des Wissens, der Heilung von Krankheit und der Linderung von Leiden widmen, ungeachtet dessen, dass Fanatiker gleichzeitig Schmerz, Hässlichkeit und Leiden verbreiten? Die Welt ist schon immer ein trister und verworrener Ort gewesen – aber den-

* Abraham Flexner, *The Usefulness of Useless Knowledge*, in: *Harper's Magazine*, Oktober 1939, S. 544–552. – Übersetzung aus dem Amerikanischen von Martina Kempter.

noch haben Dichter, Künstler und Wissenschaftler sich über die Umstände hinweggesetzt, die sie, wenn sie darauf achtgäben, lähmen würden. In praktischer Hinsicht und oberflächlich betrachtet, ist das intellektuelle und geistige Leben eine unnütze Tätigkeit, der die Menschen nachgehen, weil sie daraus eine größere Befriedigung ziehen, als anderweitig für sie zu erlangen wäre. In diesem Aufsatz werde ich mich mit der Frage befassen, inwieweit sich das Streben nach solch unnützen Befriedigungen nicht unerwartet als Quelle ungeahnter Nützlichkeit erweist.

Bis zum Überdruss bekommen wir immer wieder gesagt, dass wir in einer materialistischen Epoche leben, deren Hauptbesorgnis eigentlich die breitere Verteilung von Chancen und materiellen Gütern sein sollte. Der berechtigte Aufschrei derer, denen Chancen und eine gerechte Teilhabe an materiellen Gütern ohne eigenes Verschulden verwehrt bleiben, bringt eine wachsende Zahl von Studenten von den Studiengebieten ihrer Väter ab und führt sie zu der gleichfalls wichtigen und nicht weniger dringlichen Auseinandersetzung mit sozialen, wirtschaftlichen und politischen Problemen. Gegen diese Tendenz habe ich nichts einzuwenden. Die Welt, in der wir leben, ist die einzige, die wir mit unseren Sinnen bezeugen können. Wenn es uns nicht gelingt, sie zu einer besseren, einer gerechteren Welt zu machen, werden Millionen von Menschen weiterhin stumm, bekümmert und verbittert ins Grab gehen. Ich selbst habe viele Jahre lang dafür plädiert, dass unsere Schulen sich klarer bewusst machen sollten, in welcher Welt ihre Schüler und Studenten ihr Leben werden verbringen müssen. Nun frage ich mich manchmal, ob diese Strömung nicht zu stark geworden ist und ob es ausreichend Gelegenheit zu einem erfüllten Leben gäbe, wenn die Welt sich einiger der unnützen Dinge, die ihr aber geistige Bedeutung geben, entledigte; mit anderen Worten: ob unsere Auffassung davon, was nützlich sei, nicht vielleicht zu eng geworden ist, um dem Schweifen und den unberechenbaren Möglichkeiten des menschlichen Geistes gerecht zu werden.

Diese Frage können wir aus zwei Perspektiven betrachten: der wissenschaftlichen und der allgemein menschlichen (oder geistigen). Fangen wir mit der wissenschaftlichen an. Ich erinnere mich an ein Jahre zurückliegendes Gespräch mit Mr George Eastman über die Frage des Nutzens. Mr Eastman, ein kluger, weit blickender, feiner Mann mit Sinn für Musik und Kunst, hatte mir damals eröffnet, er wolle mit seinem beträchtlichen Vermögen etwas zur Förderung der Ausbildung in nützlichen Fächern beitragen. Ich erlaubte mir die Frage, wen er denn für den nützlichsten Wissenschaftler auf der Welt halte. Die Antwort kam prompt: »Marconi.« Ich überraschte ihn mit dem Satz: »So viel uns das Radio auch erfreuen mag oder so viel Funk und Radio dem menschlichen Leben auch gebracht haben mögen, Marconi scheint mir doch den geringsten Anteil daran gehabt zu haben.«

Seine verblüffte Miene werde ich so schnell nicht vergessen. Er bat mich um eine Erklärung. Ich antwortete ihm mehr oder minder wie folgt: »Mr Eastman, Marconis Schlussfolgerungen waren unausweichlich. Das wahre Verdienst für alles, was auf dem Feld des Funks geleistet wurde, gebührt, sofern man solch ein grundlegendes Verdienst überhaupt einer einzigen Person zurechnen kann, Professor Clerk Maxwell, der 1865 gewisse hoch komplizierte, verwickelte Berechnungen auf dem Gebiet des Magnetismus und der Elektrizität anstellte. 1873 erschien eine Abhandlung, in der Maxwell seine abstrakten Gleichungen veröffentlichte. Beim darauf folgenden Treffen der Britischen Gesellschaft erklärte Professor H. J. S. Smith aus Oxford: ›Keinem Mathematiker, der durch die Seiten dieser Bände blättert, wird entgehen, dass darin eine Theorie enthalten ist, die den Methoden und Quellen der reinen Mathematik bereits vieles hinzugefügt hat.‹ Im Lauf der folgenden fünfzehn Jahre wurde Maxwells theoretische Arbeit um weitere Entdeckungen ergänzt. Das nach wie vor bestehende Problem – die Entdeckung und der Nachweis elektromagnetischer Wellen, die die drahtlosen Signale übertragen – wurde schließlich 1887 und 1888 durch Heinrich Hertz gelöst, der im Berliner Laboratorium von Helmholtz arbeitete. Weder Maxwell noch Hertz zerbrachen sich über die Nützlichkeit ihrer Arbeit den Kopf; ein solcher Gedanke kam ihnen erst gar nicht in den Sinn. Ihre Zielsetzung war keine praktische. Der Erfinder im rechtlichen Sinn war natürlich Marconi, aber was hat er eigentlich erfunden? Lediglich das letzte technische Detail, den sogenannten Fritter, ein Empfangsgerät, das inzwischen obsolet geworden und kaum mehr irgendwo in Gebrauch ist.«

Hertz und Maxwell haben vielleicht nichts erfunden, aber es war ihre unnütze theoretische Arbeit, auf der ein gewiefter Techniker aufbauen konnte, weil sie den Weg bereitet hatte für neue

Mittel der Kommunikation, der Versorgung und Unterhaltung, mit denen Männer mit verhältnismäßig geringen Verdiensten sich dann Ruhm erwarben und Millionen scheffelten. Wer waren die wirklich nützlichen Männer? Nicht Marconi, sondern Clerk Maxwell und Heinrich Hertz. Hertz und Maxwell waren Genies, die keinen Gedanken an den Nutzen verschwendeten. Marconi war ein cleverer Erfinder, der an nichts sonst dachte als an den Nutzen.

Die Erwähnung des Namens Hertz brachte Mr Eastman die Hertz'schen Wellen in Erinnerung, und ich schlug ihm vor, er möge sich doch bei den Physikern der Universität Rochester erkundigen, worin die Arbeit von Hertz und Maxwell genau bestanden habe; einer Sache könne er sich allerdings gewiss sein, dass sie diese Arbeit nämlich ohne jeden Gedanken an eine Nutzanwendung getan hätten und dass in der ganzen Wissenschaftsgeschichte die meisten großen Entdeckungen, die sich letztlich als Wohltaten für die Menschheit erwiesen hätten, von Männern oder Frauen gemacht worden seien, denen nicht der Wunsch, nützlich zu sein, Antrieb gewesen sei, sondern allein der, ihre Neugier zu befriedigen.

»Neugier?«, fragte Mr Eastman.

»Ja«, antwortete ich, »Neugier, die in etwas Nützliches münden kann, aber nicht muss, ist möglicherweise das, was das moderne Denken am meisten kennzeichnet. Solche Neugier ist nichts Neues. Sie geht zurück auf Galilei, Bacon und Sir Isaac Newton, und man muss ihr völlig freien Lauf lassen. Die Bildungseinrichtungen sollten sich ihrer Pflege widmen, und je weniger sie sich dabei von Überlegungen zur unmittelbaren Anwendbarkeit ablenken lassen, desto wahrscheinlicher werden sie einen Beitrag nicht nur zum menschlichen Wohlstand leisten, sondern auch zu der gleichfalls wichtigen Befriedigung des intellektuellen Interesses, das man in der modernen Zeit vielleicht tatsächlich als die beherrschende Leidenschaft des Geisteslebens bezeichnen könnte.«

II.

Wie Heinrich Hertz, der im ausgehenden 19. Jahrhundert still und unbemerkt in einer Ecke des Helmholtz'schen Forschungslabors arbeitete, wirkten auch andere Wissenschaftler und Mathematiker weltweit über mehrere Jahrhunderte hinweg. Wir leben in einer Welt, die sich ohne Elektrizität nicht zu helfen wüsste. Fragte man uns nach der Entdeckung mit dem unmittelbarsten und weitreichendsten praktischen Nutzen, könnten wir uns leicht auf die Elektrizität einigen. Aber wer machte die grundlegenden Entdeckungen, auf denen die ganze elektrische Entwicklung der darauf folgenden über hundert Jahre beruhte?

Die Antwort ist interessant. Michael Faradays Vater war ein Grobschmied; Michael selbst machte eine Buchbinderlehre. 1812, als er bereits 21 Jahre alt war, nahm ihn ein Freund mit zur Royal Institution, wo er bei Sir Humphrey Davy vier Vorlesungen zur Chemie hörte. Michael machte sich Aufzeichnungen und sandte Davy eine Abschrift davon. Nur ein Jahr später, 1813, wurde er Assistent in Davys Forschungslabor und arbeitete zu chemischen Problemen. Zwei Jahre später begleitete er Davy auf eine Reise aufs europäische Festland. 1825 wurde er im Alter von 34 Jahren zum Leiter des Forschungslabors der Royal Institution, an dem er 54 Jahre seines Lebens verbrachte.

Schon bald verlagerte sich das Interesse Faradays von der Chemie auf die Elektrizität und den Magnetismus, denen er den Rest seines aktiven Lebens widmete. Wichtige, aber verwirrende Arbeit hatten in diesem Feld bislang Oersted, Ampère und Wollaston geleistet. Die Fragen, die sie ungelöst hinterlassen hatten, räumte Faraday aus, und um 1841 meisterte er die Aufgabe der Induktion elektrischen Stroms. Vier Jahre darauf begann eine zweite, nicht minder glänzende Phase seiner Karriere, als er die Wirkung eines Magnetfelds auf polarisiertes Licht entdeckte. Seine früheren Entdeckungen führten zu zahllosen praktischen Anwendungen, bei denen die Elektrizität die Belastungen des modernen Lebens verringerte und neue Chancen eröffnete. Was die praktischen Ergebnisse anbelangt, waren seine späteren Entdeckungen weit weniger folgenreich. Was für einen Unterschied machte dies für Faraday? Überhaupt keinen. Zu keinem Zeitpunkt seiner beispiellosen Karriere interessierte er sich für den Nutzen. Er war ganz davon in Anspruch genommen, die Rätsel des Universums zu lüften, zunächst chemische, später auch physikalische. Die Frage des Nutzens stellte sich ihm nicht, sie hätte nur eine Einschränkung seiner rastlosen Neugier bedeutet. Am Ende ergab sich zwar eine praktische Nutzanwendung, doch für seine unbändige Experimentierfreude war das nie ein Kriterium.

Angesichts der in unserer heutigen Welt herrschenden Atmosphäre ist es vielleicht nicht unangebracht, zu betonen, dass die Rolle, die die Wissenschaft bei der zunehmend zerstörerischen und immer schrecklicheren Entwicklung des Krieges spielt, ein ungeplantes und unbeabsichtigtes Nebenprodukt der wissenschaftlichen Tätigkeit ist. Wie unlängst Lord Rayleigh, Vorsitzender der Britischen Gesellschaft zur Förderung der Wissenschaften, in einem Vortrag detailliert aufgezeigt hat, ist für den Einsatz zerstörerischer Kampfstoffe in der modernen Kriegsführung nicht die Absicht der Wissenschaftler, sondern der Wahn der Menschen verantwortlich zu machen. Die unschuldige Erforschung der Chemie von Kohlenstoffverbindungen, die zu unzähligen segensreichen Errungenschaften geführt hat, ist ein Beispiel dafür, wie die Wirkung von Salpetersäure auf Substanzen wie Benzol, Glycerin, Zellulose usw. nicht nur in der nützlichen Anilinfarbenindustrie mündete, sondern auch in der Herstellung von Nitroglyzerin, das zu gutem wie zu schlechtem Einsatz taugt. Etwas später zeigte Alfred Nobel, als er sich derselben Sache zuwandte, dass man durch Vermischung von Nitroglycerin mit anderen Stoffen sicher handhabbare feste Sprengstoffe produzieren konnte – unter anderem Dynamit. Dem Dynamit verdanken wir unseren Fortschritt im Bergbau, bei der Entstehung von Eisenbahntunnels, wie sie jetzt die Alpen und andere Gebirgsgegenden passierbar machen; aber von Politikern und Soldaten wurde Dynamit natürlich auch missbraucht. Den Wissenschaftlern ist daran jedoch genauso wenig die Schuld zu geben wie an einem Erdbeben oder an einer Überschwemmung. Das Gleiche lässt sich auch vom Giftgas sagen. Vor zweitausend Jahren starb Plinius, weil er beim Ausbruch des Vesuvs Schwefeldioxid einatmete. Chlor wurde von Wissenschaftlern nicht zu Kriegszwecken isoliert, genauso wenig Senfgas. Diese Substanzen hätten auf den nützlichen Gebrauch beschränkt bleiben können, aber als das Flugzeug perfektioniert wurde, kamen Menschen mit vergiftetem Herzen und üblen Gedanken auf die Idee, das Flugzeug, eine harmlose Erfindung, Ergebnis einer langen uninteressierten wissenschaftlichen Bemühung, zu einem Werkzeug der Zerstörung zu machen, wovon niemand sich je hatte träumen lassen und worauf nie jemand mit Bedacht hingearbeitet hatte.

Im Gebiet der höheren Mathematik lassen sich für die Anwendungsferne beinahe unzählige Belege finden, so die abstrakteste mathematische Forschung des 18. und 19. Jahrhunderts, die »nichteuklidische Geometrie«. Ihr Erfinder

Gauß stand bei seinen Zeitgenossen zwar im Ruf eines ausgezeichneten Mathematikers, wagte aber ein Vierteljahrhundert lang nicht, seine Forschungen zur »nichteuklidischen Geometrie« zu veröffentlichen. Freilich wäre die Relativitätstheorie mit ihren unzähligen praktischen Konsequenzen ohne Gauß' Arbeit in Göttingen völlig unmöglich gewesen.

Auch die jetzt unter der Bezeichnung »Gruppentheorie« bekannte mathematische Theorie war abstrakt und nicht für die Anwendung bestimmt. Entwickelt wurde sie von neugierigen Menschen, deren Neugier und Beharrlichkeit sie auf seltsame Pfade führten; heute aber ist die »Gruppentheorie« Grundlage der Quantentheorie der Spektroskopie, die bei Menschen, die von ihrer Entstehungsgeschichte keine Ahnung haben, täglich in Gebrauch ist.

Die ganze Wahrscheinlichkeitsrechnung wurde von Mathematikern entdeckt, deren eigentliches Interesse die Rationalisierung des Glücksspiels war. Den von ihnen angestrebten praktischen Zweck hat sie verfehlt, doch lieferte sie die wissenschaftliche Basis für alle Arten von Versicherungen, und weite Teile der Physik des 19. Jahrhunderts bauen auf ihr auf.

Aus einer aktuellen Nummer von *Science* möchte ich Folgendes zitieren:

Die Genialität Professor Albert Einsteins erschien nochmals in neuem, hellem Licht, als bekannt wurde, dass der gelehrte Mathematiker und Physiker bereits vor fünfzehn Jahren mathematische Formeln entwickelt hat, die jetzt dazu beitragen, das Rätsel der erstaunlichen Flüssigkeit von Helium nahe dem absoluten Nullpunkt der Temperaturskala zu lösen. Vor dem Symposium der American Chemical Society über intermolekulare Aktivität schrieb Professor F. London von der Universität Paris, derzeit Gastprofessor an der Duke University, Professor Einstein das Verdienst zu, in seinen Veröffentlichungen der Jahre 1924 und 1925 das Konzept des »idealen« Gases entwickelt zu haben.

In Einsteins Einlassungen von 1925 ging es nicht um die Relativitätstheorie, sondern um die Diskussion von Problemen, die damals anscheinend ohne jede praktische Bedeutung waren. Sie beschrieben die Entartung eines »idealen« Gases im unteren Bereich der Temperaturskala. Weil bekannt war, dass bei den fraglichen Temperaturen alle Gase zu Flüssigkeiten kondensieren, schenkten die Wissenschaftler Einsteins fünfzehn Jahre zurückliegender Arbeit nicht die gebührende Beachtung.

Das unlängst entdeckte Verhalten von Flüssighelium verhalf dem seiner Zeit unterschätzten Konzept Einsteins zu ganz neuer Aktualität. Die meisten Flüssigkeiten werden mit zunehmender Kälte zäher, klebriger und dickflüssiger. Die Redewendung »kälter als Sirup im Januar« bringt die Vorstellung des Laien von Zähflüssigkeit absolut treffend zum Ausdruck.

Flüssighelium ist jedoch eine verblüffende Ausnahme. Bei der Temperatur, die als »Delta«-Punkt bekannt ist, bei nur 2,19 Grad über dem absoluten Nullpunkt, fließt Flüssighelium besser als bei höheren Temperaturen und ist dabei tatsächlich beinahe so nebelhaft wie ein Gas. Eine weitere Seltsamkeit seines Verhaltens betrifft seine enorme Fähigkeit zur Wärmeleitung. Am Deltapunkt ist es in dieser Hinsicht ungefähr 500-mal so effektiv wie Kupfer bei Zimmertemperatur. Mit dieser und anderen Anomalien stellte Flüssighelium Physiker und Chemiker vor große Rätsel.

Nun konstatierte Professor London, dass das Verhalten von Flüssighelium sich am besten erklären lässt, wenn man es nach der Definition von Bose-Einstein als ein »Ideal«-Gas betrachtet, unter Heranziehung der Formeln von 1924–1925 sowie einiger der Erklärungsversuche des elektrischen Leitvermögens von Metallen. Durch einfache Analogie lässt sich die verblüffende Flüssigkeit von Flüssighelium teilweise erklären, indem man sie ähnlich beschreibt wie die beweglichen Elektronen der Metalle, die deren elektrische Leitfähigkeit erklären.

Schauen wir in eine andere Richtung. Im Bereich der Medizin und des Gesundheitswesens spielte die Wissenschaft der Bakteriologie ein halbes

Jahrhundert lang eine führende Rolle. Welches ist ihre Geschichte? Im Gefolge des Französisch-Preußischen Krieges 1870 gründete die deutsche Regierung die große Universität von Straßburg. Ihr erster Anatomieprofessor war Wilhelm von Waldeyer, später Anatomieprofessor in Berlin. In seinen *Reminiscences* berichtet er, dass unter den Studenten, die im ersten Semester mit ihm nach Straßburg gingen, ein kleiner, unscheinbarer, verschlossener junger Mann von siebzehn Jahren namens Paul Ehrlich war. Der gewöhnliche Anatomiekurs bestand damals im Sezieren und in der Untersuchung von Geweben unter dem Mikroskop. Ehrlich soll zwar so gut wie kein Interesse am Sezieren gezeigt haben, aber, wie Waldeyer in seinem Erinnerungsbuch festhält:

> Ich bemerkte recht bald, dass Ehrlich lange Stunden an seinem Schreibtisch saß, völlig versunken in die mikroskopische Betrachtung. Ferner war sein Tisch nach und nach übersät mit farbigen Flecken aller Art. Als ich ihn eines Tages über der Arbeit sitzen sah, ging ich zu ihm und fragte ihn, was er denn mit den ganzen Regenbogenfarben auf seinem Tisch vorhabe. Worauf der junge Student im ersten Semester, der eigentlich am regulären Anatomiekurs teilnehmen sollte, zu mir aufblickte und sanft antwortete: »*Ich probiere.*« Das kann frei übersetzt werden mit »Ich versuche etwas«

> oder auch mit »Ich spiele herum«. Ich antwortete ihm: »Sehr gut. Spielen Sie weiter.« Bald war mir klar, dass ich in Ehrlich ganz ohne Unterricht oder Anleitung meinerseits einen außerordentlich fähigen Studenten hatte.

Waldeyer ließ ihn klugerweise gewähren. Ehrlich brachte das Medizinstudium hinter sich und wurde promoviert, wobei seine Lehrer davon ausgingen, dass er nicht als Arzt arbeiten würde. In der Folge ging er nach Breslau, wo er unter Professor Cohnheim arbeitete, Lehrer des in Baltimore wohlbekannten Arztes Dr. Welch, Gründerfigur und Gestalter der Johns Hopkins Medical School. Die Idee der praktischen Nutzanwendung hat Ehrlichs Denken vermutlich nicht im Mindesten gestreift. Er war interessiert. Er war neugierig. Er spielte weiter. Natürlich war sein Herumspielen von einem tiefen Instinkt geleitet, aber seine Motivation war eine rein wissenschaftliche, keine utilitaristische. Was kam dabei heraus? Koch und seine Kollegen etablierten eine neue Wissenschaft, die Bakteriologie. Ehrlichs Experimente des Einfärbens und der dadurch ermöglichten Beobachtung der Bakteriendifferenzierung wurden durch einen seiner Studienkollegen namens Weigert fortgeführt. Ehrlich selbst entwickelte die Farbmarkierung der Blutzellen, auf der unser modernes Wissen um die Morphologie der roten und weißen Blutkörperchen beruht. Kein Tag vergeht, ohne dass Ehrlichs Technik nicht in Tausenden von Krankenhäusern in aller Welt bei der Blutuntersuchung angewendet wird. So erwuchs aus dem scheinbar ziellosen Herumspielen in Waldeyers Straßburger Seziersaal ein fundamental wichtiges Instrument der täglichen medizinischen Praxis.

Auch ein Beispiel aus der Industrie möchte ich geben, eines von vielen, das ich zufällig herausgreife. Professor Berl vom Carnegie Institute of Technology (Pittsburgh) schreibt dazu Folgendes:

> Der Begründer der modernen Rayonindustrie war der französische Graf Chardonnet. Bekanntlich löste er Cellulosenitrat in Alkohol und Äther und presste diese viskose Lösung durch Kapillaren in Wasser, um das Cellulosenitratfilament gerinnen zu lassen. Nach der Gerinnung gelangte das Filament an die Luft und wurde auf Spulen aufgewickelt. Als Chardonnet eines Tages seine Fabrik in Besançon inspizierte, kam es zufällig zu einer Unterbrechung der Wasserzufuhr, die das Cellulosenitratfilament zur Gerinnung bringen sollte. Die Arbeiter stellten fest, dass der Spinnvorgang ohne Wasser viel besser ablief als mit Wasser. Dies war die Geburtsstunde des überaus wichtigen Trockenspinnverfahrens, das aktuell in industriellem Maßstab praktiziert wird.

III.

Keineswegs möchte ich hier suggerieren, dass alles, was in Forschungslabors vonstatten geht, zu guter Letzt in einen unerwarteten praktischen Nutzen umschlage oder durch das nachträgliche Eintreten eines solchen gerechtfertigt werde. Viel eher möchte ich dafür plädieren, das Wort »Nutzen« abzuschaffen und dem menschlichen Geist freies Spiel zu lassen. Sicher werden wir auf diese Weise auch einige harmlose Spintisierereien ernten und einige kostbare Dollars verschwenden. Aber viel wichtiger ist, dass wir dem menschlichen Geist die Fesseln abnehmen und ihn frei machen für die Abenteuer, die in unseren Tagen Hale, Rutherford, Einstein und ihre Kollegen einerseits Millionen von Meilen in die äußersten Sphären des Raumes haben vordringen lassen und es andererseits möglich gemacht haben, die im Atom steckende grenzenlose Energie zu entfesseln. Was Rutherford und andere wie Bohr und Millikan im Bemühen, den Bau des Atoms zu verstehen, aus reiner Neugier heraus gemacht haben, hat Kräfte freigesetzt, die vielleicht das menschliche Leben verändern werden; aber dieses letztliche, unvorhergesehene und unvorhersagbare praktische Ergebnis ist nicht als

Rechtfertigung für Rutherford oder Einstein oder Millikan oder Bohr oder irgendeinen ihrer Fachkollegen gedacht. Lasst sie in Ruhe machen. Welcher Bildungsverwalter vermöchte zu steuern, in welche Bahnen diese oder andere Männer ihre Forschungen lenken sollen? Das sieht, das gebe ich nochmals zu, nach einer gewaltigen Verschwendung aus. Dem ist aber nicht so. Die ganze Verschwendung, die man in der Entwicklung der Wissenschaft der Bakteriologie summieren könnte, ist nichts im Vergleich zu den Vorteilen, die aus den Entdeckungen von Pasteur, Koch, Ehrlich, Theobald Smith und vieler anderer erwachsen sind – Vorteile, die sich niemals ergeben hätten, wenn die Idee eines möglichen Nutzens ihren Sinn durchdrungen hätte. Diese großen Künstler – denn nichts anderes sind die Wissenschaftler und Bakteriologen – verbreiteten den Geist, der in den Forschungslabors, in denen sie lediglich ihre eigene natürliche Neugier zur Richtschnur nahmen, maßgebend wurde.

Dies soll keine Kritik an Institutionen wie den Ingenieurs- oder Rechtsschulen sein, bei denen das Motiv der Nutzanwendung zwangsläufig überwiegt. Nicht selten lässt sich der Spieß auch umdrehen, und praktische Schwierigkeiten, auf die man in der Industrie oder in den Labors stößt, werden zum Impulsgeber für theoretische Untersuchungen, die diese Probleme unter Umständen lösen, vielleicht aber auch ganz neue Sichtweisen eröffnen, in denen, so nutzlos sie im Moment sein mögen, künftige Errungenschaften schlummern, praktische wie auch theoretische.

Mit dem schnellen Zuwachs an »nutzlosem« oder theoretischem Wissen ist eine Situation entstanden, in der praktische Probleme immer wahrscheinlicher in einem wissenschaftlichen Geist angepackt werden, und nicht nur von Erfindern, sondern auch von »reinen« Wissenschaftlern. Ich erwähnte bereits Marconi, einen Erfinder, der zwar ein Wohltäter der Menschheit war, aber nur in seiner Eigenschaft als »Nutznießer der Geistesblitze anderer«. Edison gehört in dieselbe Kategorie. Anders Pasteur: Er war ein großer Wissenschaftler, befasste sich aber bereitwillig mit praktischen Problemen wie etwa dem Zustand des französischen Weinbaus oder Problemen des Bierbrauens. Er fand Lösungen nicht nur für akute praktische Schwierigkeiten, sondern zog daraus auch weit reichende theoretische Schlüsse, die zunächst nutzlos erscheinen, sich später jedoch als ungeahnt nützlich erweisen mochten. Ehrlich, der in seiner Neugier grundsätzlich spekulativ war, bearbeitete mit großer Hartnäckigkeit das Problem der Syphilis, bis er – mit der Entdeckung von Salvarsan – eine Lösung von unmittelbar praktischem Nutzen fand. Die Entdeckung des Insulins durch Banting zur Behandlung von Diabetes oder die von Leberextrakt durch Minot und Whipple zur Behandlung der perniziösen Anämie gehören in die gleiche Kategorie: Beide verdanken sich Wissenschaftlern reinsten Schlages, die jedoch erkannten, dass es bei alldem von ihren Vorgängern interesselos aufgehäuften »unnützen« Wissen endlich an der Zeit war, sich auch den praktischen Fragen in wissenschaftlicher Weise zuzuwenden.

So wird offensichtlich, dass man sich hüten sollte, eine wissenschaftliche Entdeckung zur Gänze einer einzigen Person zuzuschreiben. Nahezu jede Entdeckung hat eine lange und komplizierte Geschichte. Einer findet hier ein wenig was heraus, ein anderer dort. Ein dritter Schritt erfolgt später, und immer so weiter, bis ein Genie die Stückchen schließlich zusammensetzt und den entscheidenden Beitrag leistet. Wie der Mississippi ist die Wissenschaft zu Anfang ein kleines Bächlein in einem abgelegenen Wald. Nach und nach lassen andere Zuflüsse es anschwellen.

Und der rauschende Strom, der die Deiche bricht, speist sich aus unzähligen Quellen.

Ohne diesen Aspekt erschöpfend behandeln zu können, möchte ich beiläufig doch zu bedenken geben: Binnen eines oder zweier Jahrhunderte wird man vielleicht feststellen, dass die Leistung der berufsbildenden Schulen nicht so sehr im Anteil an der Ausbildung von Männern besteht, die morgen als Ingenieure oder Anwälte tätig sein werden, sondern vielmehr darin, dass sie selbst noch im Verfolgen ihrer streng praktischen Ziele eine gewaltige Menge anscheinend nutzloser Aktivitäten entfalten. Aus diesen nutzlosen Aktivitäten heraus kommt es zu Entdeckungen, die sich für den menschlichen Geist und die menschliche Kultur am Ende als weitaus wichtiger erweisen können als das Erreichen der praktischen Zwecke, derenthalben die Schulen gegründet wurden.

Die Überlegungen, die ich gestreift habe, betonen – falls Betonung hier nottun sollte – die überwältigende Bedeutung der geistigen und intellektuellen Freiheit. Ich habe über experimentelle Wissenschaft gesprochen, auch über Mathematik; aber was ich sage, gilt gleichermaßen auch für Musik und Kunst und für jeden anderen Ausdruck des freien menschlichen Geistes. Die bloße Tatsache, dass sie einer um Reinigung und Erhebung bemühten einzelnen Seele Genugtuung verschaffen, ist für sie Rechtfertigung genug. Und da wir sie ohne jede implizite oder aktuelle Bezugnahme auf einen Nutzen gerechtfertigt sehen, gilt das Gleiche auch für unsere Hochschulen, Universitäten und sämtliche Forschungseinrichtungen. Eine Institution, die Generationen von Menschen mit Freiheit versieht, ist umfassend gerechtfertigt, gleich ob dieser oder jener Graduierte nun einen sogenannten nützlichen Beitrag zum menschlichen Wissen leistet oder nicht. Ein Gedicht, eine Sinfonie, ein Gemälde, eine mathematische Wahrheit, ein neues wissenschaftliches Faktum, alle tragen die gleiche Rechtfertigung in sich, wie auch Universitäten, Hochschulen und Forschungsinstitute sie benötigen oder erfordern.

Das Thema, das ich hier zur Diskussion stelle, brennt uns augenblicklich besonders auf den Nägeln. Denn großflächig – besonders in Deutschland und Italien – ist man gerade dabei, rigoros gegen die Freiheit des menschlichen Geistes vorzugehen. Auf diese Weise wurden Universitäten zu Instrumenten in den Händen der Anhänger eines speziellen politischen, wirtschaftlichen oder rassischen Glaubens umorganisiert. Und selbst in den wenigen Demokratien, die weltweit noch übrig sind, wird ab und zu ein gedankenloses Individuum die fundamentale Bedeutung unumschränkter akademischer Freiheit in Zweifel ziehen. Der wahre Feind des Menschengeschlechts ist aber nicht der ungebundene, furchtlose Denker, liege er in der Sache nun richtig oder falsch. Der wahre Feind ist der Mensch, der den menschlichen Geist formen und ihm die Flügel stutzen will, die er doch einstmals in Italien und in Deutschland ebenso zum Flug breitete wie in Großbritannien und in den Vereinigten Staaten.

Die Idee ist nicht neu. Humboldt war von ihr beseelt, als er, in der Stunde der Eroberung Deutschlands durch Napoleon, die Universität zu Berlin konzipierte und gründete. Die gleiche Idee beseelte Präsident Gilman bei der Gründung der Johns Hopkins University, in deren Gefolge sich jede Universität in diesem Land um Erneuerung bemühte. Jeder Einzelne, der den Wert seiner unsterblichen Seele schätzt, wird dieser Idee treu sein, ganz unabhängig von den persönlichen Konsequenzen für ihn selbst. Die Rechtfertigung geistiger Freiheit reicht im Übrigen weiter als die Originalität, sei es im Reich der Wissenschaft oder in dem des Humanismus, denn sie impliziert Toleranz innerhalb der ganzen Bandbreite menschlicher Unterschiedlichkeit. Was könnte angesichts der Geschichte der Menschheit dümmer oder lächerlicher sein als Vorlieben oder Abneigungen, die sich auf Rasse oder Religion gründen? Will die Menschheit Sinfonien, Gemälde und wissenschaftliche Wahrheiten haben, oder wünscht sie sich christliche Sinfonien, christliche Gemälde, christliche Wissenschaften oder jüdische Sinfonien, jüdische Gemälde, jüdische Wissenschaften? Oder braucht sie muslimische oder ägyptische, japanische, chinesische, amerikanische, deutsche, russische, kommunistische oder konservative Beiträge, um den unendlichen Reichtum der menschlichen Seele zu mehren und zum Ausdruck zu bringen?

IV.

Zu den überraschendsten und unmittelbarsten Auswirkungen der Intoleranz im Ausland lässt sich, wie ich meine, die rasche Entwicklung des Institute for Advanced Study rechnen, das von Mr Louis Bamberger und seiner Schwester, Mrs Felix Fuld, in Princeton, New Jersey, etabliert wurde. Die Gründung des Instituts wurde 1930 vorgeschlagen. Beheimatet wurde es in Princeton, teils, weil seine Gründer dem Staat New Jersey verbunden waren, aber auch, soweit ich das beurteilen kann, weil Princeton eine hochkarätige kleine Graduiertenschule hatte, mit der sich eine enge Zusammenarbeit realisieren ließ. Bei der Universität Princeton steht das Institut tiefer in der Schuld, als sich das jemals ganz wird würdigen lassen. Die Arbeit des Instituts mit einem beträchtlichen Anteil seines Personals begann 1933. Zu seiner Fakultät gehören große amerikanische Wissenschaftler – Veblen, Alexander und Morse bei den Mathematikern; Meritt, Lowe und Miss Goldman bei den Geisteswissenschaftlern; Stewart, Riefler, Warren, Earle und Mitrany bei den Publizisten und Wirtschaftswissenschaftlern. Und zu ihnen hinzuzählen sollte man noch die Forscher und Wissenschaftler gleichen Kalibers, die bereits an der Universität, in der Bibliothek und den Labors von Princeton versammelt waren. Aber was Einstein, Weyl und von Neumann in der Mathematik angeht, Herzfeld und Panofsky im Feld der Humanismusstudien und eine ganze Reihe Jüngerer, die in den vergangenen sechs Jahren Schüler dieser illustren Lehrer waren und jetzt für die amerikanischen Wissenschaftler überall im Land Verstärkung bringen, so hat das Institute for Advanced Study ihre Anwesenheit Hitler zu verdanken.

Hinsichtlich seiner Organisation ist das Institut eine denkbar einfache und wenig formalisierte Sache. Es besteht aus drei Abteilungen – einer mathematischen, einer humanistischen und einer wirtschaftlich-politischen. Jede Abteilung hat einen festen Professorenstamm und eine jährlich wechselnde Gruppe von Mitgliedern und regelt ihre Angelegenheiten selbstständig; in jeder Gruppe verfügt jeder Einzelne selbstständig über seine Zeit und seine Energie. Die bis dato aus 22 Ländern des Auslands und aus 39 höheren Bildungseinrichtungen der Vereinigten Staaten stammenden Mitglieder werden nach ihrer Eignung zu den einzelnen Gruppen zugelassen. Sie genießen exakt die gleiche Freiheit wie die Professoren. Sie können mit diesem oder jenem Professor zusammenarbeiten, wenn sie es untereinander vereinbaren; sie können auch für sich allein arbeiten und von Zeit zu Zeit jemanden konsultieren, von dem sie sich Hilfe versprechen. Es wird keine Routine befolgt; zwischen Professoren, Mitgliedern oder Besuchern werden keine Trennlinien gezogen. Studenten und Professoren aus Princeton sowie Mitglieder und Professoren des Instituts gehen in aller

Freiheit miteinander um. Gepflegt wird das Lernen an sich. Der Erfolg für den Einzelnen oder die Gesellschaft bleibt sich selbst überlassen. Es gibt keine Fakultätsversammlungen, auch keine Fachausschüsse. Menschen mit Ideen kommen in den Genuss von Bedingungen, die dem Nachdenken und dem Austausch förderlich sind. Ein Mathematiker kann sich ohne Ablenkung der Mathematik widmen, ebenso ein Humanwissenschaftler oder ein Ökonom oder ein Student der Politikwissenschaft. Die Verwaltung wurde ihrem Umfang und ihrer Bedeutung nach auf ein Minimum reduziert. Menschen ohne Ideen, ohne die Kraft, sich auf ihre Ideen zu konzentrieren, würden sich am Institut nicht heimisch fühlen.

Diesen Punkt kann ich vielleicht verdeutlichen, indem ich einige Beispiele anführe. Um einem Harvard-Professor einen Aufenthalt in Princeton zu ermöglichen, wurde ein Stipendium ausgesetzt. Er fragte schriftlich an: »Welche Verpflichtungen habe ich?«

Ich antwortete ihm: »Sie haben keine Verpflichtungen, nur günstige Gelegenheiten.«

Nach einem Jahr in Princeton kam ein fähiger junger Mathematiker zu mir, um sich zu verabschieden. Kurz bevor er ging, bemerkte er:

»Vielleicht möchten Sie hören, was dieses Jahr für mich bedeutet hat.«

»Gern«, antwortete ich.

»Die Mathematik«, setzte er fort, »entwickelt sich schnell; die aktuelle Literatur ist umfangreich. Es ist jetzt zehn Jahre her, dass ich meinen Ph.D. gemacht habe. Eine Zeit lang konnte ich mich auf der Höhe meines Faches halten, später wurde das aber immer schwieriger und ungewisser. Jetzt aber, nach dem Jahr hier, sind die Jalousien hochgezogen, das Zimmer ist hell, die Fenster stehen offen. Ich habe zwei Artikel im Kopf, die ich demnächst niederschreiben werde.«

»Wie lange wird das anhalten?«, fragte ich.

»Fünf Jahre, vielleicht zehn.«

»Und dann?«

»Werde ich wiederkommen.«

Ein drittes Beispiel ist noch ganz frisch. Ein Professor einer großen westlichen Universität kam voriges Jahr Ende Dezember nach Princeton. Er hatte vor, eine Arbeit gemeinsam mit Professor Morey (von der Princeton University) durchzugehen. Aber Morey schlug ihm vor, dass es sich für ihn vielleicht lohne, Panofsky und Swarzenski (am Institut) zu konsultieren. Jetzt arbeitet er mit allen dreien zusammen.

»Ich werde«, teilte er mir mit, »bis kommenden Oktober hierbleiben.«

»Im Hochsommer wird es Ihnen heiß vorkommen«, antwortete ich ihm.

»Das werde ich vor lauter Arbeit und Glück gar nicht mitbekommen.«

Freiheit bringt also nicht Stagnation, sondern eher die Gefahr von Überarbeitung mit sich. Unlängst fragte die Frau eines englischen Mitglieds: »Arbeiten hier alle bis um zwei Uhr morgens?«

Bislang besaß das Institut kein eigenes Gebäude. Die Mathematiker sind derzeit bei den Princeton-Mathematikern in Fine Hall zu Gast; einige der Geisteswissenschaftler sind bei den Princetoner Geisteswissenschaftlern in McCormick Hall zu Gast; andere arbeiten in Räumlichkeiten, die über die Stadt verteilt sind. Die Wirtschaftswissenschaftler haben jetzt eine Suite in The Princeton Inn besetzt. Mein eigenes Quartier befindet sich in einem Bürogebäude an der Nassau Street, wo ich inmitten von Ladeninhabern, Zahnärzten, Rechtsanwälten, Chiropraktikern sowie von Forschungsgruppen der Princeton University arbeite, die gerade eine Umfrage der Lokalregierung und eine demografische Studie durchführen. Ziegel und Mörtel sind also ziemlich unwesentlich, wie Präsident Gilman vor über sechzig Jahren in Baltimore unter Beweis stellte. Gleichwohl fehlt es uns an informellem Kontakt untereinander, und diesem Manko versuchen wir durch die Errichtung eines Gebäudes zu begegnen, das Fuld Hall heißen soll und dessen Bau uns die Stifter ermöglichen. Weiter soll die Formalität aber nicht gehen. Das Institut muss klein bleiben; und es hält an der Überzeugung fest, dass die dort Versammelten sich Muße wünschen und Sicherheit, mit Organisation und Routine nicht behelligt sein wollen und schließlich informelle Kontakte mit den Wissenschaftlern der Princeton University und anderen pflegen möchten, die von Zeit zu Zeit aus anderen, ferneren Orten nach Princeton gelockt werden. Gekommen sind bislang, unter anderen, aus Kopenhagen Niels Bohr, aus Berlin von Laue, aus Rom Levi Civita, aus Straßburg André Weil, aus Cambridge Dirac und G. H. Hardy, aus Zürich Pauli, aus Löwen Lemaître, aus Oxford Wade-Gery, ferner Amerikaner aus Harvard, Yale, Columbia, Cornell, Johns Hopkins, Chicago, Kalifornien und anderen Zentren der Bildung und Aufklärung.

Wir versprechen nichts, aber geben uns der Hoffnung hin, dass das ungehinderte Streben nach nutzlosem Wissen wie in der Vergangenheit auch in Zukunft nicht folgenlos bleiben wird. Keinen Augenblick lang jedoch verteidigen wir das Institut aus diesem Grund. Es existiert als ein Paradies für Wissenschaftler, die sich wie Dichter und Musiker das Recht erworben haben, zu tun und zu lassen, was ihnen gefällt, und die, wenn man sie dazu befähigt, das Beste aus sich herausholen.

Abraham Flexner (1866–1959) war ein berühmter amerikanischer Pädagoge. Nachdem er an der Johns Hopkins University und in Harvard studiert hatte, gründete er verschiedene experimentelle Schulen und beteiligte sich an der Schaffung des Institute for Advanced Study in Princeton, das er von 1930 bis 1939 leitete. In dieser Eigenschaft nahm er viele Forscher auf, die vor der nationalsozialistischen Verfolgung ins Exil fliehen mussten.

Als Autor zahlreicher pädagogischer Bücher veröffentlichte Flexner 1910 einen Bericht über den Medizinunterricht im 20. Jahrhundert; noch heute muten uns seine Ideen außerordentlich modern an.

In den Vereinigten Staaten wie in Europa übten seine Arbeiten einen starken Einfluss auf den Unterricht in den naturwissenschaftlichen Fächern aus.

BIBLIOGRAFIE*

Einleitung

PIERRE HADOT, *La philosophie est-elle un luxe?*, in: DERS., *Exercices spirituels et philosophie antique*. Préface d'Arnold I. Davidson, Paris (Albin Michel) 2002, S. 362f.

STEFANO RODOTÀ, *Il diritto di avere diritti*, Rom/Bari (Laterza) 2012.

JEAN-JACQUES ROUSSEAU, *Über Kunst und Wissenschaft* (1750), in: DERS., *Schriften zur Kulturkritik*. Frz.-dt. Eingeleitet, übers. u. hrsg. v. Kurt Weigand, Hamburg (Meiner) [5]1995, II, S. 35.

DENIS DIDEROT, *Satire contre le luxe*, in: DERS., *Regrets sur ma vieille robe de chambre ou Avis à ceux qui ont plus de goût que de fortune* suivi de la *Satire contre le luxe*, Paris (Éditions de l'Éclat) 2011, S. 42 [200].

CHARLES BAUDELAIRE, *Die Blumen des Bösen*. Übertragen v. Carlo Schmid, Frankfurt a.M. (Insel) [3]1977, S. 16.

* Wo nicht anders angegeben, stammt die deutsche Übersetzung von Martina Kempter.

GUSTAVE FLAUBERT, *Wörterbuch der Gemeinplätze.* Übers. v. Monika Petzenhauser, München (Matthes & Seitz) 1985, S. 128 u. 41.

FRIEDRICH HÖLDERLIN, *Andenken*, in: DERS., *Werke – Briefe – Dokumente*, München (Winkler) 1963, S. 193f. – Zu Hölderlins Dichtung vgl. MARTIN HEIDEGGER, *Zu Hölderlin. Griechenlandreisen.* Hrsg. v. Curd Ochwadt, Frankfurt a. M. (Klostermann) 2000.

CHARLES PERCY SNOW, *Die zwei Kulturen. Literarische und naturwissenschaftliche Intelligenz.* Aus d. Engl. übers. v. Grete u. Karl-Eberhardt Felten, Stuttgart (Klett) 1967.

ILYA PRIGOGINE / ISABELLE STENGERS, *Dialog mit der Natur. Neue Wege naturwissenschaftlichen Denkens.* Aus d. Engl. u. Frz. übers. v. Friedrich Griese, München/Zürich (Piper) [6]1990.

PLATON, *Das Gastmahl.* Übertragen u. eingeleitet v. Kurt Hildebrandt, Stuttgart (Reclam) 1979, S. 36.

EUGÈNE IONESCO, *Anläßlich einer französisch-deutschen Schriftstellertagung* [Februar 1961], in: DERS., *Argumente und Argumente. Schriften zum Theater.* Aus d. Frz. v. Claus Bremer, Neuwied (Luchterhand) 1964, S. 145.

KAKUZO OKAKURA, *Das Buch vom Tee.* Übertragen u. mit einem Nachwort versehen v. Horst Hammitzsch. Mit Fotos aus Japan u. einem Essay von I. Schaarschmidt-Richter, Frankfurt/Leipzig (Insel) 1998, S. 82.

RAINER MARIA RILKE, *Briefe an einen jungen Dichter.* Hrsg. u. mit einer Einleitung versehen v. Franz Xaver Kappus, Frankfurt a. M. (Suhrkamp) 1989, S. 23.

Edmond Rostand, *Cyrano de Bergerac*. Préface et commentaire de Claude Aziza, Paris (Presses Pocket) 1989, [V, VI], S. 337. – Die deutsche Übersetzung folgt der Ausgabe: E. Rostand, *Cyrano von Bergerac. Romantische Komödie in fünf Aufzügen*. Übers. v. Ludwig Fulda. Nachwort v. Ralf Steyer, Stuttgart (Reclam) 1977, S. 151.

E. Ionesco, *Gespräch mit den »Cahiers libres de la jeunesse«*, in: ders., *Argumente und Argumente*, a.a.O., S. 112.

Pietro Barcellona, *Elogio del discorso inutile. La parola gratuita*, Bari (Dedalo) 2010, S. 15. – In diesem schönen Buch kritisiert Barcellona die Argumentationen, denen es nur um die Bemessung von Effizienz und Nutzen geht, ohne den Konflikten, welche die Menschen umtreiben, ernstlich Rechnung zu tragen.

Pierre Lecomte du Noüy, *L'intelligence, les gestes inutiles, le mariage*, in: ders., *La dignité humaine*, Paris (Fayard) 1967, S. 79–86 (das Zitat findet sich auf S. 79). – Vgl. aber auch: ders., *L'avenir de l'ésprit*, Paris (Gallimard) 1941, (IX), S. 204. – Zitiert habe ich P. L. de Noüy natürlich nur wegen seiner Anmerkungen zum Nutzlosen: Seine religiösen Überzeugungen und seine philosophischen Schlussfolgerungen gehen über den Rahmen meiner Arbeit weit hinaus.

Miguel Benasayag / Gérard Schmit, *Die verweigerte Zukunft. Nicht die Kinder sind krank, sondern die Gesellschaft, die sie in Therapie schickt*. Aus d. Frz. v. Karola Bartsch, München (Kunstmann) 2007, S. 79.

Mario Vargas Llosa, *Ein Lob auf das Lesen und die Fiktion* [Nobelpreisrede, gehalten in Stockholm am 7. Dezember 2010], zitiert nach d. dt. Übers. v. Angelica Ammar: http://www.nobelprize.org/nobel_prizes/literature/laureates/2010/vargas_llosa-lecture_ty.html.

Oscar Wilde, *Lady Windermeres Fächer*. Übers. v. Christine Hoeppener, in: ders., *Theaterstücke I* (*Sämtliche Werke in sieben Bänden*, Bd. 3). Hrsg. v. Norbert Kohl, Frankfurt a. M. (Insel) 1982, 2. Akt, S. 44: »Im heutigen Leben bedeutet Spielraum alles.« (Vgl. auch *Die Vorrede* zu *Das Bildnis des Dorian Gray*. Übers. v. Christine Hoeppener [*Sämtliche Werke in sieben Bänden*, Bd. 1], Frankfurt a. M. [Insel] 1982, S. 10).

Voltaire, *Le Mondain*, in: *Les Œuvres complètes de Voltaire*, Vol. 16. Critical Edition by H. T. Mason, Oxford (Voltaire Foundation) 2003, (V. 22), S. 296. – Hier sei angemerkt, dass der Überfluss für Voltaire nicht nur die Kunst und einige freidenkerische Werte verkörpert, sondern in ökonomischer Perspektive auch eine Apologie des Luxus abgibt.

Eine interessante Analyse des Themas des Überflüssigen in Literatur und Kunst lässt sich verfolgen in der Aufsatzsammlung *Le superflu, chose très nécessaire*, hrsg. v. Gaïd Girard, Rennes (Presses Universitaires) 2004.

E. Ionesco, *Anläßlich einer französisch-deutschen Schriftstellertagung* [Februar 1961], in: ders., *Argumente und Argumente*, a.a.O.

Zu den Bücherverbrennungen und Zerstörungen ganzer Bibliotheken vgl. Lucien X. Polastron, *Libri al rogo.*

Storia della distruzione infinita delle biblioteche, Mailand (Sylvestre Bonnard) 2006 (auf S. 93 die chinesische Episode); das frz. Original hat den Titel *Livres en feu. Histoire de la destruction sans fin des bibliothèques*, Paris (Denoël) 2004. – Zu Bibliotheken und zum Zusammenhang zwischen Büchern und Freiheit siehe LUCIANO CANFORA, *Libro e libertà*, Rom/Bari (Laterza) 1994.

BENEDETTO CROCE, *La fine della civiltà*, in: DERS., *Filosofia e storiografia*, Neapel (Bibliopolis) 2005, S. 285.

JORGE LUIS BORGES, *Die Mauer und die Bücher*, in: DERS., *Inquisitionen. Vorworte*. Übers. v. Karl August Horst u. Gisbert Haefs, München (Hanser) 2003, S. 7.

CICERO, *Stoische Paradoxien*. Lat.–dt. Hrsg., übers. u. erläutert v. Rainer Nickel, München/Zürich (Artemis & Winkler) 1994, [VI, 43], S. 237.

PSEUDO-LONGINOS, *Vom Erhabenen*. Griech.–dt. Übers. u. hrsg. v. Reinhard Brandt, Darmstadt (Wissenschaftliche Buchgesellschaft) 1983.

GIORDANO BRUNO, *De immenso*, in: DERS., *Opera Latine conscripta*. Publicis sumptibus edita, recensebat F. Fiorentino [F. Tocco, H. Vitelli, V. Imbiani, C. M. Tallrigo], apud Dom. Morano [Florentiae, typis successorum Le Monnier], Neapel 1879–91, [vol. I, 1], S. 208 (dt. Übers.: G. BRUNO, *Das Unermeßliche und das Unzählbare*, I. u. II. Buch, übers. v. Erika Rojas, Peißenberg [Skorpion] 1999, S. 16.).

JOHN MAYNARD KEYNES, *Wirtschaftliche Möglichkeiten für unsere Enkelkinder*, in: DERS., *Politik und Wirtschaft*.

Männer und Probleme. Ausgewählte Abhandlungen. Übertragen durch Eduard Rosenbaum, Tübingen/Zürich (J.C.B.Mohr) 1956, S.271f. – Wichtig für eine Analyse dieser von Keynes 1930 veröffentlichten Seiten – auch im Verhältnis zum utopischen Schwung des Ökonomen in weiteren seiner Werke – sind die Überlegungen, die Guido Rossi in der italienischen Textausgabe anstellt: vgl. J.M.Keynes, *Possibilità economiche per i nostri nipoti.* Seguito da Guido Rossi, *Possibilità economiche per i nostri nipoti?*, Mailand (Adelphi) 2009, S.33–52.

Georges Bataille, *La Limite de l'utile*, in: ders., *Œuvres complètes*, Bd.7, S.181–280. – Weitere Zitate stammen aus einem Brief Batailles an Jêrome Lindon (G.Bataille, *Choix de lettres. 1917–1962.* Édition établie, presentée et annotée par Michel Surya, Paris [Gallimard] 1997, S.377–379); den Brief erwähnt Felice Ciro Papparo passenderweise in seinem schönen Essay in der von ihm herausgegebenen italienischen Ausgabe: G.Bataille, *Il Limite dell'utile*, Mailand (Adelphi) [2]2012.

George Steiner, *Foreword*, in: Rob Riemen, *Nobility of Spirit. A Forgotten Ideal.* Translated by Marjolijn de Jager, New Haven/London (Yale University Press) 2008, S.9. (*AdÜ:* In der dt. Ausgabe von R.Riemen, *Adel des Geistes. Ein vergessenes Ideal.* Aus d. Niederl. v. Waltraud Hüsmert, München [Siedler] 2010, ist Steiners Vorwort nicht abgedruckt.)

Italo Calvino, *Die unsichtbaren Städte.* Aus d. Ital. v. Burkhart Kroeber, München (Hanser) 2007, S.174.

I. CALVINO, *Warum Klassiker lesen?* Übers. v. Susanne Schoop, in: DERS., *Warum Klassiker lesen?* Aus d. Ital. v. Barbara Kleiner u. Susanne Schoop, München (Hanser) 2003, S. 14.

R. RIEMEN, *Prologo*, in: G. STEINER, *Una certa idea di Europa*. Vorwort v. M. Vargas Llosa, Mailand (Garzanti) 2006, S. 23.

Erster Teil
Die nützliche Nutzlosigkeit der Literatur

VICTOR HUGO, *Die Elenden*. Übers. v. Paul Wiegler u. Wolfgang Günther, Bd. 2, Berlin (Volk & Welt) [2]1999, [Teil IV, Buch V, Kap. 2], S. 406.

1.

VINCENZO PADULA, *Le vocali. Ossia la prima lezione di mio padre*, in: DERS., *Persone in Calabria*. Eingeleitet v. Carlo Muscetta, Bibliografie hrsg. v. Attilio Marinari, Manziana (Vecchiarelli) 1993, S. 22 u. 25.

3.

DAVID FOSTER WALLACE, *Das hier ist Wasser / This is water*. Übers. v. Ulrich Blumenbach, Köln (Kiepenheuer & Witsch) 2012, S. 9f.

4.

Gabriel García Márquez, *Hundert Jahre Einsamkeit*. Übers. v. Curt Meyer-Clason, Köln (Kiepenheuer & Witsch) 1982.

5.

Dante Alighieri, *Das Gastmahl*. Übertragen u. kommentiert v. Constantin Sauter, München (Winkler) 1965, [I, IX, 3–4], S. 36.

Francesco Petrarca, *Il Canzoniere*. Nach einer Interlinerarübersetzung v. Geraldine Gabor in dt. Verse gebracht v. Ernst-Jürgen Dreyer, Basel (Stroemfeld/Roter Stern) 1990, (VII/7), S. 19.

6.

Thomas Morus, *Utopia*. Aus d. Lat. v. Curt Woyte, hrsg. v. Jürgen Teller, Reclam (Leipzig) 1974.

Tommaso Campanella, *Der Sonnenstaat*. Ins Dt. übertragen v. G. Brauns u. a., Berlin (Akademie Verlag) 1955.

Francis Bacon, *Neu-Atlantis*. Ins Dt. übertragen v. Georg Gerber, Berlin (Akademie Verlag) 1959.

Raymond Trousson, *L'essor de l'utopie moderne*, in: ders., *Voyages aux pays de nulle part. Histoire littéraire de la pensée utopique*, Brüssel (Éditions de l'Université de Bruxelles) ²1979, S. 82f.

Vgl. Henri Denis, *Kommunistische Anschauungen bei Thomas Morus und Campanella*, in: ders., *Geschichte der*

Wirtschaftstheorien, Bd. 1: *Von Platon bis Marx*, Rheinfelden (Schäuble) 1974, S. 103–112.

7.

ROBERT LOUIS STEVENSON, *Schatzinsel*. Aus d. Engl. neu übers. u. mit Anmerkungen versehen v. Friedhelm Rathjen, Zürich (Haffmans) 1997.

GEMINELLO ALVI, *Il capitale*, in: DERS., *Il capitalismo: verso l'ideale cinese*, Venedig (Marsilio) 2011 (Kap. 11), S. 191–193.

Scharfsinnige Reflexionen zu Stevensons Verhältnis zur Moral siehe bei FERNANDO SAVATER, *Stevenson e la morale*, in: DERS., *Pirati e altri avventurieri. L'arte di raccontare storie*, Bagno a Ripoli (Passigli) 2010, S. 103–110.

8.

WILLIAM SHAKESPEARE, *Der Kaufmann von Venedig*. Zweisprachige Ausgabe. Übers. v. Frank Günther. Mit einem Essay v. Wolfgang Weiss, München (Deutscher Taschenbuch-Verlag) 1995. – Zum Thema der Mehrdeutigkeit und Ungewissheit vgl. die Einleitung (S. XI) zur ital. Ausgabe: *Il Mercante di Venezia*. Übers. u. hrsg. v. Agostino Lombardo, Mailand (Feltrinelli) [9]2010.

Zur Literatur des Silens in der Renaissance siehe N. ORDINE, *Ob Esel oder Silen: der Schein trügt*, in: DERS., *Giordano Bruno und die Philosophie des Esels*. Mit einem Geleitwort v. Ilya Prigogine u. einer Einleitung v. Eugenio Garin. Aus d. Ital. v. Christine Ott, München (Fink) 1999, S. 144–157 (vgl. aber, auch wegen der Ikonografie und der

Bibliografie, N. ORDINE, *Die Hermeneutik des Silens*, in: DERS., *Die Schwelle des Schattens. Literatur, Philosophie und Malerei bei Giordano Bruno*. Mit einem Vorwort v. P. Hadot. Übers. v. Michael Spang, Würzburg [Königshausen & Neumann] 2009, S. 56–58).

Zum Thema des Überflüssigen vgl. HELEN MOORE, *Superfluity versus Competency in* The Merchant of Venice, in: *Le superflu, chose très nécessaire*, a.a.O., S. 117–121.

Zur Gleichstellung von Körper und Geld vgl. JOHN DRAKAKIS, *Jew. »Shylock is my name«: Speech-Prefixes in* The Merchant of Venice *as symptoms of the early modern*, in: *Shakespeare and Modernity. Early Modern to millenium*. Hrsg. v. Hugh Grady, London/New York (Routledge) 2000, S. 112f. (vgl. auch CHIARA LOMBARDI, *Mondi nuovi a teatro. L'immagine del mondo sulle scene europee di Cinquecento e Seicento: spazi, economia, società*, Mailand [Mimesis] 2011, S. 113–137, bes. S. 126).

Zum Gegensatz zwischen Christen und Nichtchristen (betrachtet als wilde Tiere oder dämonische Wesen) vgl. MICHELE STANCO, *Il contratto ebraico-cristiano: l'usura, la penale, il processo in* The Merchant of Venice, in: DERS., *Il caos ordinato. Tensioni etiche e giustizia poetica in Shakespeare*, Rom (Carocci) 2009, S. 129–156.

Zu Marx' Reflexionen über Shylock vgl. LUCIANO PARINETTO, *Marx e Shylock*, in: L. PARINETTO / LIVIO SICHIROLLO, *Marx e Shylock. Kant, Hegel, Marx e il mondo ebraico, con una nuova traduzione di Marx*, La questione ebraica, Mailand (Unicopli) 1982, S. 27–114 (das Zitat findet sich auf S. 46).

Franco Marenco, *Barabas-Shylock: ebrei o cristiani?*, in: *Il personaggio nelle arti della narrazione*. Hrsg. v. F. Marenco, Rom (Edizioni di Storia e Letteratura) 2007, S. 169–189.

Zur protestantischen Ethik des Profits und zu den englischen Puritanern vgl. Max Weber, *Die protestantische Ethik und der Geist des Kapitalismus*. Vollständige Ausgabe, hrsg. u. eingeleitet v. Dirk Kaesler, München (C. H. Beck) 2013.

9.

Aristoteles, *Metaphysik*. Übers. u. eingeleitet v. Thomas Alexander Szlezák, Berlin (Akademie Verlag) 2003, [I (A), 2, 982-b], S. 6f.

10.

Platon, *Sämtliche Dialoge*. Hrsg. v. Otto Apelt, Bd. IV: *Theätet – Parmenides – Philebos*, Leipzig (Meiner) 1921.

Zum Konflikt zwischen philosophischem Erfolg und misslungener Lebensführung im *Theätet* vgl. Paul Ricœur, *Être, essence et substance chez Platon et Aristote. Cours professé à l'Université de Strasbourg en 1953–1954*. Texte verifié et annoté par Jean-Louis Schlegel, Paris (Seuil) 2011, S. 47f.

Zum Topos von Thales, der in einen Brunnen fällt und damit eine Thrakerin zum Lachen bringt, vgl. Hans Blumenberg, *Das Lachen der Thrakerin. Eine Urgeschichte der Theorie*, Frankfurt a. M. (Suhrkamp) 1987.

PLATON, *Der Staat*. Aus d. Griech. v. Otto Apelt, Köln (Anaconda) 2010.

Vgl. MARIO VEGETTI, *Il regno filosofico*, in: PLATONE, *La Repubblica. Libro V*. Übers. u. kommentiert v. M. Vegetti, Neapel (Bibliopolis) 2000, Bd. IV, S. 335–364.

11.

IMMANUEL KANT, *Kritik der Urteilskraft, und Schriften zur Naturphilosophie*, Darmstadt (Wissenschaftliche Buchgesellschaft) 1998.

12.

OVID, *Metamorphosen*. Übers. u. hrsg. v. Hermann Breitenbach mit einer Einleitung v. L. P. Wilkinson, Stuttgart (Reclam) 1986, [I, 131], S. 27.

OVID, *Epistulae ex Ponto*, in: DERS., *Briefe aus der Verbannung*. Lat.-dt. Übertragen v. Wilhelm Willige, eingeleitet u. erläutert v. Niklas Holzberg, München/Zürich (Artemis) 1990, [I, 5, V. 53f.], S. 326f.

In den jüngsten Kommentaren zu den Briefen vom Schwarzen Meer wird die Frage der Nutzlosigkeit kaum angeschnitten; vgl. OVID, *Epistulae ex Ponto. Book 1*. Edited with Introduction, Translation and Commentary by Jan Felix Gaertner, Oxford (Oxford University Press) 2005, S. 334.

13.

MICHEL DE MONTAIGNE, *Essais*. Erste moderne Gesamtübersetzung v. Hans Stilett, Frankfurt a. M. (Eichborn) 1998, S. 4.

Das Zitat von FAUSTA GARAVINI findet sich in deren Vorwort zur ital.-frz. Ausgabe: MICHEL DE MONTAIGNE, *Saggi*. Übers. v. Fausta Garavini, kommentiert v. André Tournon, Mailand (Bompiani) 2012, S. VII.

Vgl. den wichtigen Essay von ANDRÉ TOURNON, *»Route par ailleurs«. Le »nouveau langage« des* Essais, Paris (Champion) 2006, S. 113.

14.

GIACOMO LEOPARDI, *Tutte le poesie e tutte le prose*. Hrsg. v. Lucio Felici u. Emanuele Trevi, vollständige Ausgabe, Rom (Newton & Compton) 1997.

Die Gedichte sind zitiert nach der deutschen Übersetzung in dem Auswahlband: G. LEOPARDI, *Gesänge / Dialoge / Zibaldone*. Aus d. Ital. v. Hanno Helbling *(Gesänge, Zibaldone)* u. Alice Vollenweider *(Dialoge und andere Lehrstücke)*. Mit einem Nachwort v. Karlheinz Stierle, Düsseldorf/Zürich (Artemis & Winkler) 1998.

Für eine Analyse des Programms des *Spettatore Fiorentino* und des Themas des Unnützen vgl. GINO TELLINI, *Leopardi*, Rom (Salerno) 2001, S. 219–236.

15.

THÉOPHILE GAUTIER, *Vorwort*, in: DERS., *Mademoiselle de Maupin*. Aus d. Frz. übers. v. Caroline Vollmann. Nachwort v. Dolf Oehler, Zürich (Manesse) 2011 (*AdÜ:* Übers. bei einem der Zitate – S. XLI–XLII – geringfügig modifiziert).

Jean Starobinski, *Geblendet von Leichtfüßigkeit, oder Der Triumph des Clowns*, in: ders., *Porträt des Künstlers als Gaukler. Drei Essays*. Aus d. Frz. v. Markus Jakob, Frankfurt a. M. (Fischer) 1985, S. 34 (Starobinski analysiert die Metaphern, unter deren Verwendung die Schriftsteller selbst die Grundzüge ihrer Poetik erklären).

Th. Gautier, *Préface*, in: ders., *Albertus ou l'âme et le péché, légende théologique*, Paris (Paulin) 1833.

16.

Ch. Baudelaire, *Mein entblößtes Herz. Tagebücher*. Dt. v. Friedhelm Kemp, Frankfurt a. M. (Insel) 1986.

17.

John Locke, *Einige Gedanken über die Erziehung*. Übers. v. Johann Bernhard Deermann, Paderborn (Schöningh) 1967, § 174, S. 161.

Zu Lockes Kritik an der rhetorischen Pädagogik seiner Zeit siehe Carlo Augusto Viano, *John Locke*, Turin (Einaudi) 1960, S. 539. Zu Lockes aufs nützliche Wissen gestützter Auffassung des *gentleman* vgl. Ernesto Fagiani, *Nel crepuscolo della probabilità. Ragione ed esperienza nella filosofia sociale di John Locke*, Neapel (Bibliopolis) 1983, S. 29–47.

18.

Giovanni Boccaccio, *Das Dekameron*. Übertragung v. Albert Wesselski, Einleitung v. André Jolles, 2 Bde., Frankfurt a. M. (Insel) 1982 *(Einleitung zum vierten Tag)*, S. 347.

19.

PABLO NERUDA, *Venti poesie d'amore e una canzone disperata.* Mit einem Zeugnis v. Federico García Lorca, hrsg. v. Giuseppe Bellini, Bagno a Ripoli (Passigli) [13]2010, S. 11.

20.

MIGUEL DE CERVANTES, *Der geistvolle Hidalgo Don Quijote von der Mancha.* Hrsg. u. übers. v. Susanne Lange, 2 Bde., München (Hanser) 2008.

Der erwähnte Cervantes-Forscher FRANCISCO RICO ist der Herausgeber der kommentierten zweisprachigen Ausgabe (ital.-span.) *Don Chisciotte della Mancia*, übers. v. Angelo Valastro Canale, Mailand (Bompiani) 2012.

Die Verbindung zwischen dem *Don Quijote* und der Episode auf dem Tian'anmen-Platz war Diskussionsgegenstand in der Sendung *Le Storie (Geschichten)*, die am 16. April 2013 auf RAI TRE lief. Angeregt durch die Fragen von Corrado Augias, habe ich über das berühmte Bild des jungen Mannes nachgedacht, der sich mit geöffneten Armen den Panzern in den Weg stellt.

21.

CHARLES DICKENS, *Harte Zeiten.* Aus d. Engl. übers. v. Christine Hoeppener, Berlin (Rütten & Loening) 1984

22.

MARTIN HEIDEGGER, *Zollikoner Seminare*, hrsg. v. Medard Boss, Frankfurt a. M. (Klostermann) 1987, S. 204.

23.

ZHUANG-ZI. Hrsg. v. Liou Kia-Hway, Mailand (Adelphi) [6]2010, (XXVI), S. 252.

KAKUZO OKAKURA, *Das Buch vom Tee*, a.a.O., S. 82.

24.

E. IONESCO, *Anläßlich einer französisch-deutschen Schriftstellertagung* [Februar 1961], in: DERS., *Argumente und Argumente*, a.a.O., S. 145.

25.

I. CALVINO, *Die Abenteuer dreier Uhrmacher und dreier Automaten*, in: DERS., *Gesammelter Sand. Essays.* Aus d. Ital. v. Burkhart Kroeber, München (Hanser 1995), S. 135.

Zum Interesse des Schriftstellers an der Naturwissenschaft vgl. MASSIMO BUCCIANTINI, *Italo Calvino e la scienza*, Rom (Donzelli) 2007.

26.

EMILE CIORAN, *Prunkvolle Nutzlosigkeit*, in: DERS., *Lehre vom Zerfall.* Übertragen v. Paul Celan, Stuttgart (Klett-Cotta) [2]1979, S. 22.

E. CIORAN, *Ansätze zum Taumel*, in: DERS., *Gevierteilt.* Aus d. Frz. v. Bernd Mattheus, Frankfurt a. M. (Suhrkamp) 1991, S. 80 u. 128.

Zweiter Teil
Die Universität als Unternehmen und die Studenten als Kunden

Albert Einstein, *Brief an Carl Seelig* (11. März 1952, ethz.ch, AE 39-013).

1.

Martha C. Nussbaum, *Nicht für den Profit. Warum Demokratie Bildung braucht.* Übers. v. Ilse Utz, Überlingen (TibiaPress) 2012.

Für eine Verteidigung der Geisteswissenschaften siehe auch den schönen Sammelband *A che serve la Storia. I saperi umanistici alla prova della modernità*, hrsg. v. Piero Bevilacqua, Rom (Donzelli) 2011.

2.

Simon Leys, *Une idée de l'université*, in: ders., *Le Studio de l'inutilité*, Paris (Flammarion) 2012, S. 288 (in diesem Essay, der den Band beschließt, wie auf den ersten einleitenden Seiten bietet Leys uns interessante Reflexionen zum Thema der Nutzlosigkeit).

3.

Marc Fumaroli, *Le Accademie come beni comuni dell'umanità*, in: ders., *Uno scandalo internazionale*, Neapel (Istituto Italiano per gli Studi Filosofici) 2012, S. 13–16 (zur Entstehung des Collège de France vgl. *Les origines du Collège de France. 1500–1560.* Sous la direction de M. Fumaroli, Paris [Klincksieck] 1998).

Montesquieu, *Meine Gedanken. Mes pensées. Aufzeichnungen.* Auswahl, Übers. u. Nachwort v. Henning Ritter, München/Wien (Hanser) 2000, S. 128.

4.

V. Hugo, *Das berichtigte Budget von 1848. Frage von der Aufmunterung der Wissenschaften und Künste* (Rede vom 10. November 1848), in: ders., *Thaten und Worte: Gesammelte Reden*, Bd. 1: *Vor dem Exil 1841–51*, Stuttgart (Auerbach) 1876 (*AdÜ:* Orthografie leicht modernisiert).

5.

Alexis de Tocqueville, *Die Demokratie in Amerika.* Aus d. Frz. neu übertragen v. Hans Zbinden, 2 Bde., Stuttgart (Deutsche Verlags-Anstalt) 1959 bzw. 1962 (*AdÜ:* Die allesamt Bd. II/Teil 1 entstammenden Zitate werden im Fließtext zusätzlich mit Kapitel- und Seitenzahl angegeben.)

Zur Bedeutung von Tocquevilles Reflexionen, die sich gegen ein übertriebenes Nützlichkeitsdenken richten, hat M. Fumaroli mehrere Aufsätze geschrieben.

6.

Alexander Herzen, *Memoiren und Reflexionen.* Hrsg. v. Eberhard Reißner. Aus d. Russ. übers. v. Hertha v. Schulz, Bd. 2 (1847–1852), Berlin (Aufbau) 1963 (»Fünfter Teil. Westliche Arabesken. Zweites Heft«).

7.

G. Bataille, *Choix de lettres. 1917–1962*, a.a.O., S. 377–379 (Brief an Jêrome Lindon); alle übrigen Seitenangaben im Fließtext beziehen sich auf G. Bataille, *La Limite de l'utile*, a.a.O.

Für eine Analyse von Batailles Positionen zur Ökonomie vgl. Giovambattista Vaccaro, *Per un'economia della distruzione*, in: *Al di là dell'economico. Per una critica filosofica dell'economia*, hrsg. v. G. Vaccaro, Mailand (Mimesis) 2008, S. 15–42.

8.

John Henry Newman, *Bildung als Selbstzweck* (Sechster Vortrag) und *Geistesbildung und Berufsbildung* (Achter Vortrag), in: ders., *Vom Wesen der Universität. Ihr Bildungsziel in Gehalt und Gestalt*. Übers. v. Heinrich Bohlen, Mainz (Matthias-Grünewald) 1960 (zitiert unter Angabe der internen Nummerierung des Vortrags und des Abschnitts, dazu der Seitenzahl).

9.

J. Locke, *Einige Gedanken über die Erziehung*, a.a.O., § 164, S. 147f.

Antonio Gramsci, *Gefängnishefte*, Bd. 7, hrsg. v. Klaus Bochmann, Wolfgang Fritz Haug u. Peter Jehle, unter Mitwirkung v. Ruedi Graf u. Gerhard Kuck, (Heft 12, § 2, übers. v. Ruedi Graf), Hamburg u. a. (Argument) 1996, S. 1524f.

Unter den zahlreichen Werken zur Verteidigung des Lateinischen und generell der alten Sprachen siehe wenigstens: Wilfried Stroh, *Latein ist tot, es lebe Latein! Kleine Geschichte einer großen Sprache*, Berlin (List) 2007; *Sans le latin...* Sous la direction de Cécilia Suzzoni et Hubert Aupetit, Paris (Mille et une nuits) 2012 (in dieser Sammlung von Vorträgen findet sich auf S. 385–393 auch der Beitrag *Le latin, la démocratie, la poésie* von Yves Bonnefoy). Zur Verbindung zwischen Philologie und Freiheit vgl. L. Canfora, *Filologia e libertà*, Mailand (Mondadori) 2008 (bes. S. 12f. über Giorgio Pasquali). Zu den katastrophalen Auswirkungen einer Kultur, die die alten Sprachen aus dem Gedächtnis verliert, vgl. L. Canfora, *Difendere l'insegnamento del latino non è una battaglia di retroguardia*, in: *Corriere della Sera*, 11. Juni 2012, S. 32.

II.

G. Steiner, *Der Meister und seine Schüler*. Aus d. Engl. v. Martin Pfeiffer, München/Wien (Hanser) 2004, S. 28f.

Zur Verteidigung der Klassiker und gegen die Invasion der Sekundärliteratur hat G. Steiner Grundlegendes geschrieben: Erwähnt seien hier wenigstens: *Von realer Gegenwart. Hat unser Sprechen Inhalt?* Mit einem Nachwort v. Botho Strauss. Aus d. Engl. v. Jörg Trobitius, München/Wien (Hanser) 1990; *Der Garten des Archimedes.* Aus d. Engl. v. Michael Müller, München/Wien (Hanser) 1997; sowie: *Gedanken dichten.* Aus d. Engl. v. Nicolaus Bornhorn, Berlin (Suhrkamp) 2011.

Max Scheler, *Liebe und Erkenntnis*, in: ders., *Gesammelte Werke*, Bd. 6. Hrsg. v. Manfred S. Frings, Bonn (Bouvier) [3]1986, S. 77 (das Zitat stammt aus einem Brief Goethes an Friedrich Heinrich Jacobi vom 10. Mai 1812; vgl. Johann Wolfgang Goethe, *Sämtliche Werke. Briefe, Tagebücher und Gespräche*, Bd. VII [34], Napoleonische Zeit [10. Mai 1805 – 6. Juni 1816], Frankfurt a. M. [Deutscher Klassiker Verlag] 1994, S. 59).

12.

Unter den zahlreichen Autoren, die über den Streit zwischen dem Warburg Institute und der Universität London geschrieben haben, möchten wir erwähnen: Anthony Grafton / Jeffrey Hamburger, *Save the Warburg*, in: *New York Review of Books*, vol. LVII, number 14, 30 September 2010, S. 72–74; die Zeitschrift *Common Knowledge* (18.1, Winter 2012) hat der heiklen Angelegenheit eine Sondernummer gewidmet, mit Beiträgen u. a. des Institutsdirektors Peter Mack und der Bibliotheksverantwortlichen Jill Kraye.

Über das Schicksal der Bibliothek des Istituto Italiano per gli Studi Filosofici in Neapel wurde in den italienischen und ausländischen Medien (Presse, Radio, Fernsehen) berichtet. Besonders der *Corriere della Sera* brachte zahlreiche Artikel zur Situation der Bücher des neapolitanischen Instituts (vom 24. bis zum 31. August und am 1., 6. und 10. September 2012).

Der Brief des Kardinals Bessarion vom 31. Mai 1468 wird zitiert von Eugenio Garin, *Die Kultur der Renaissance*. Übers. v. Annemarie Dechamps, in: *Propyläen Welt-*

geschichte, hrsg. v. Golo Mann u. August Nitschke, Bd. 6: *Weltkulturen. Renaissance in Europa*, Frankfurt/Berlin/Wien (Ullstein) 1964, S. 451.

14.

Zum Artikel von ARTURO CASADEVALL, veröffentlicht in der Zeitschrift *Proceedings of the National Academy of Science*, vgl. den Kommentar von EUGENIA TOGNOTTI, *Scienziati con il vizio della truffa*, in: *La Stampa*, 6. Oktober 2012, S. 1.

15.

Ioannis Stobai Anthologii libri duo priores qui inscribi solent Eclogae Physicae et Ethicae. Recensuit Curt Wachsmuth, Berlin 1884, Vol. II, S. 228, 25–29 (Kap. XXXI, [Über Bildung und Erziehung], 114).

PLUTARCH, *Marcellus*, in: DERS., *Große Griechen und Römer*. Eingeleitet u. übers. v. Konrat Ziegler, Bd. III, Zürich u. a. (Artemis) 1955, [17, 5–7], S. 321f.

Zur kontroversen Deutung der Euklidischen Anekdote und des Zeugnisses von Plutarch vgl. LUCIO RUSSO, *Die vergessene Revolution oder die Wiedergeburt des antiken Wissens*, übers. v. Bärbel Deninger, Berlin/Heidelberg/New York (Springer) 2005, S. 226–231.

16.

HENRI POINCARÉ, *Die Analysis und die Physik*, in: DERS., *Der Wert der Wissenschaft*. Mit Genehmigung d. Verfassers ins Deutsche übertragen v. E. Weber. Mit Anmerkungen u. Zusätzen v. H. Weber, Leipzig/Berlin (Teubner) [3]1921.

JUVENAL, *Satiren*. Lat.–dt. Hrsg., übers. u. mit Anmerkungen versehen v. Joachim Adamietz, München/Zürich (Artemis & Winkler) 1993, [VIII, 83f.], S. 173.

H. POINCARÉ, *Die Auswahl der Tatsachen*, in: DERS., *Wissenschaft und Methode*. Autorisierte dt. Ausgabe mit erläuternden Anmerkungen v. F. u. L. Lindemann, Leipzig/Berlin (Teubner) 1914.

Für eine psychoanalytisch grundierte Analyse des Juvenal-Verses bei Kant, Claudel und Lacan vgl. ALENKA ZUPANČIČ, *Ethics of the Real. Kant, Lacan*, London/New York (Verso) 2011, S. 5.

Dritter Teil
Besitzen tötet

M. DE MONTAIGNE, *Essais*, a.a.O., (I, 42), S. 134.

1.

M. DE MONTAIGNE, *Essais*, a.a.O.

2.

HIPPOKRATES, *Hippokrates und Demokrit. Briefe 10–23*. Übers. v. Anton Fingerle, in: *Die Werke des Hippokrates, Ergänzungsteil: Die Briefe des Hippokrates*. Hrsg. v. Richard Kapferer, Stuttgart (Hippokrates) 1938.

Seneca, *An Lucilius. Briefe über Ethik 70–124* (= *Philosophische Schriften*, Bd. 4). Lat.–dt. Übers., eingeleitet u. mit Anmerkungen versehen v. Manfred Rosenbach, Darmstadt (Wissenschaftliche Buchgesellschaft) 1987.

Giovanni Pico della Mirandola, *Oratio de hominis dignitate / Über die Würde des Menschen*. Lat.–dt., übers. v. Norbert Baumgarten, hrsg. u. eingeleitet v. August Buck, Hamburg (Meiner) 1990.

Leon Battista Alberti, *De commodis litterarum atque incommodis – Sulle comodità ed incomodità delle lettere*. Lat.–ital., eingeleitet u. annotiert hrsg. v. Giovanni Farris, Mailand (Marzorati) 1971.

Pseudo-Longinos, *Vom Erhabenen*, a.a.O.

Antoine de Saint-Exupéry, *Die Stadt in der Wüste (= Citadelle)*. Übers. v. Oswald v. Nostitz, Frankfurt/Berlin (Ullstein) 1996, (LV), S. 184.

Michel Serres, *Das eigentliche Übel: verschmutzen, um sich anzueignen?* Aus d. Frz. v. Alexandre Plank u. Elisa Barth, Berlin (Merve) 2009, S. 38.

Ludovico Ariosto, *Der rasende Roland*, Bd. 1–3. Übers. v. Alfons Kissner (Berlin, Propyläen 1922), hier Bd. 3, S. 307ff. (für zeno.org neu durchgesehen v. Michael Holzinger, Berliner Ausgabe 2013: http://www.zeno.org/Literatur/M/Ariosto,+Ludovico/Epos/Der+rasende+Roland)

Vergil, *Aeneis. (Dritter Gesang)*. Nach d. Übertragung v. Joseph Spitzenberger, neu bearb. v. Leo Winter, München (Goldmann) 1966, S. 63.

M. de Cervantes, *Don Quijote de la Mancha*, a.a.O.

D. Diderot, *Nachtrag zu »Bougainvilles Reise« oder Gespräch zwischen A. und B. über die Unsitte, moralische Ideen an gewisse physische Handlungen zu knüpfen, zu denen sie nicht passen*. Übers. v. Theodor Lücke. Mit einem Nachwort v. Herbert Dieckmann, Frankfurt a. M. (Insel) 1965, III, S. 33.

R. M. Rilke, *Brief an Jelena Woronina vom 9. März 1899*, in: *Rilke und Rußland. Briefe – Erinnerungen – Gedichte*, hrsg. v. Konstantin Asadowski, Berlin/Weimar (Aufbau) 1986, S. 85f.

4.

Platon, *Das Gastmahl*, a.a.O., (201d–212c), S. 73–88.

G. Bruno, *De immenso*, a.a.O., S. 203f. (dt. Übers.: G. Bruno, *Das Unermeßliche*, a.a.O., S. 10). Zu dieser Stelle von *De immenso* und zur Beziehung zwischen *Quête* in der Philosophie und *Quête* in der Liebe vgl. N. Ordine, *Die Schwelle des Schattens. Literatur, Philosophie und Malerei bei Giordano Bruno*, a.a.O., S. 161–200 (zu dem Abschnitt aus *De immenso* insbesondere S. 176, Anm. 45).

G. Bruno, *La cena de le ceneri*, in: ders., *Opere italiane*. Kritische Ausgabe, koordiniert v. N. Ordine, Kommentar v. Giovanni Aquilecchia, Nicola Badaloni, Giorgio Barberi Squarotti u. a., Turin (Utet) 2002, Bd. I, S. 475 (G. Bruno, *Das Aschermittwochsmahl*. Übers. v. Ferdinand Fellmann. Mit einer Einleitung v. Hans Blumenberg, Frankfurt a. M. [Insel] 1981, S. 119).

M. de Montaigne, *Essais*, a.a.O., (III, VIII), S. 467.

Erasmus von Rotterdam, *Die Klage des Friedens.* Übertragen v. Kurt Steinmann, Frankfurt/Leipzig (Insel) 2001, S. 40.

Sébastien Châteillon, *Contre le libelle de Calvin après la mort de Michel Servet.* Présentation, trad. fr. et notes d'Étienne Barilier, Carouge (Zoé) 1998, S. 161.

G. Boccaccio, *Das Dekameron*, a.a.O.

Gotthold Ephraim Lessing, *Nathan der Weise*, in: ders., *Werke*. Hrsg. v. Herbert G. Göpfert, München (Hanser) 1971, Bd. 2, (III/7, V. 517–529), S. 279f.

John Milton, *Areopagitica. Eine Rede für die Preßfreiheit an das Parlament von England* (1644). Aus d. Engl. übers. v. Richard Roepell, Berlin (Veit) 1851.

Zum Zweifel als wesentliches Instrument, das die Wahrheitssuche anzuregen vermag, siehe die scharfsinnigen Reflexionen von Gustavo Zagrebelsky, *Contro l'etica della verità*, Rom/Bari (Laterza) 2009.

Zum Thema des Relativismus hat sich mit gewohnter Klarheit mehrfach Umberto Eco zu Wort gemeldet. Unter seinen zahlreichen Beiträgen möchte ich wenigstens erwähnen: *Assoluto e relativo: una storia infinita*, in: *La Repubblica* vom 10. und 11. Juli 2007 (es handelt sich um den Text des Vortrags, den Eco am 9. Juli 2007 auf dem von Elisabetta Sgarbi geplanten und geleiteten Festival »Milanesiana« hielt). Eine wichtige Verteidigung des Relativismus findet sich bei Giulio Giorello, *Di nessuna chiesa. La libertà del laico*, Mailand (Cortina) 2005.

G. E. LESSING, *Eine Duplik* (1778), in: DERS., *Werke*. Hrsg. v. Herbert G. Göpfert, München (Hanser) 1979, Bd. 8, S. 32f.